PRÉFACE

La collection de guides de conversation "Tout ira bien!", publié par T&P Books, est conçue pour les gens qui voyagent par affaire ou par plaisir. Les guides de conversations contiennent le plus important - l'essentiel pour la communication de base. Il s'agit d'une série indispensable de phrases pour survivre à l'étranger.

Ce guide de conversation vous aidera dans la plupart des cas où vous devez demander quelque chose, trouver une direction, découvrir le prix d'un souvenir, etc. Il peut aussi résoudre des situations de communication difficile lorsque la gesticulation n'aide pas.

Ce livre contient beaucoup de phrases qui ont été groupées par thèmes. Vous trouverez aussi un petit dictionnaire de plus de 1500 mots importants et utiles.

Emmenez avec vous un guide de conversation "Tout ira bien!" sur la route et vous aurez un compagnon de voyage irremplaçable qui vous aidera à vous sortir de toutes les situations et vous enseignera à ne pas avoir peur de parler aux étrangers.

TABLE DES MATIÈRES

T&P Books Publishing

Collection de guides de conversation
"Tout ira bien!"

T&P Books Publishing

GUIDE DE CONVERSATION
— ALBANAIS —

LES PHRASES LES PLUS UTILES

Ce guide de conversation contient les phrases et les questions les plus communes et nécessaires pour communiquer avec des étrangers

Par Andrey Taranov

T&P BOOKS

Guide de conversation + dictionnaire de 1500 mots

Guide de conversation Français-Albanais et dictionnaire concis de 1500 mots

Par Andrey Taranov

La collection de guides de conversation "Tout ira bien!", publiée par T&P Books, est conçue pour les gens qui voyagent par affaire ou par plaisir. Les guides contiennent l'essentiel pour la communication de base. Il s'agit d'une série indispensable de phrases pour "survivre" à l'étranger.

Une autre section du livre contient un petit dictionnaire de plus de 1500 mots les plus utilisés. Le dictionnaire inclut beaucoup de termes gastronomiques et peut être utile lorsque vous faites le marché ou commandez des plats au restaurant.

T&P Books Publishing
www.tpbooks.com

ISBN: 978-1-78767-174-4

Ce livre existe également en format électronique.
Pour plus d'informations, veuillez consulter notre site: www.tpbooks.com
ou rendez-vous sur ceux des grandes librairies en ligne.

PRONONCIATION

Alphabet phonétique T&P	Exemple en albanais	Exemple en français
[a]	flas [flas]	classe
[e], [ɛ]	melodi [mɛlodí]	poète
[ə]	kërkoj [kərkój]	record
[i]	pikë [píkə]	stylo
[o]	motor [motór]	normal
[u]	fuqi [fucí]	boulevard
[y]	myshk [myʃk]	Portugal
[b]	brakë [brákə]	bureau
[c]	oqean [ocɛán]	corse - machja
[d]	adoptoj [adoptój]	document
[dz]	lexoj [lɛdzój]	pizza
[dʒ]	xham [dʒam]	adjoint
[ð]	dhomë [ðómə]	consonne fricative dentale voisée
[f]	i fortë [i fórtə]	formule
[g]	bullgari [buɫgarí]	gris
[h]	jaht [jáht]	[h] aspiré
[j]	hyrje [hýrjɛ]	maillot
[ɟ]	zgjedh [zɟɛð]	Dieu
[k]	korik [korík]	bocal
[l]	lëviz [ləvíz]	vélo
[ɫ]	shkallë [ʃkáɫə]	lit
[m]	medalje [mɛdáljɛ]	minéral
[n]	klan [klan]	ananas
[ɲ]	spanjoll [spaɲóɫ]	canyon
[ŋ]	trung [truŋ]	parking
[p]	polici [politsí]	panama
[r]	i erët [i érət]	racine, rouge
[ɾ]	groshë [gróʃə]	espagnol - pero
[s]	spital [spitál]	syndicat
[ʃ]	shes [ʃɛs]	chariot
[t]	tapet [tapét]	tennis
[ts]	batica [batítsa]	gratte-ciel
[tʃ]	kaçube [katʃúbɛ]	match
[v]	javor [javór]	rivière
[z]	horizont [horizónt]	gazeuse

5

Alphabet phonétique T&P	Exemple en albanais	Exemple en français
[ʒ]	**kuzhinë** [kuʒínə]	jeunesse
[θ]	**përkthej** [pərkθéj]	consonne fricative dentale sourde

LISTE DES ABRÉVIATIONS

Abréviations en français

adj	-	adjective
adv	-	adverbe
anim.	-	animé
conj	-	conjonction
dénombr.	-	dénombrable
etc.	-	et cetera
f	-	nom féminin
f pl	-	féminin pluriel
fam.	-	familiar
fem.	-	féminin
form.	-	formal
inanim.	-	inanimé
indénombr.	-	indénombrable
m	-	nom masculin
m pl	-	masculin pluriel
m, f	-	masculin, féminin
masc.	-	masculin
math	-	mathematics
mil.	-	militaire
pl	-	pluriel
prep	-	préposition
pron	-	pronom
qch	-	quelque chose
qn	-	quelqu'un
sing.	-	singulier
v aux	-	verbe auxiliaire
v imp	-	verbe impersonnel
vi	-	verbe intransitif
vi, vt	-	verbe intransitif, transitif
vp	-	verbe pronominal
vt	-	verbe transitif

Abréviations en albanais

f	-	nom féminin
m	-	nom masculin
pl	-	pluriel

T&P BOOKS

GUIDE DE
CONVERSATION
ALBANAIS

Cette section contient
des phrases importantes
qui peuvent être utiles dans
des situations courantes.
Le guide vous aidera
à demander des directions,
clarifier le prix, acheter
des billets et commander
des plats au restaurant

T&P Books Publishing

CONTENU DU GUIDE DE CONVERSATION

T&P Books Publishing

Excusez-moi, …	**Më falni, …** [mə fálni, …]
Bonjour	**Përshëndetje.** [pərʃəndétjɛ]
Merci	**Faleminderit.** [falɛmindérit]
Au revoir	**Mirupafshim.** [mirupáfʃim]
Oui	**Po.** [po]
Non	**Jo.** [jo]
Je ne sais pas.	**Nuk e di.** [nuk ɛ di]
Où? (~ es-tu?) | Où? (~ vas-tu?) | Quand?	**Ku? | Për ku? | Kur?** [ku? | pər ku? | kur?]

J'ai besoin de …	**Më nevojitet …** [mə nɛvojítɛt …]
Je veux …	**Dua …** [dúa …]
Avez-vous … ?	**Keni …?** [kéni …?]
Est-ce qu'il y a … ici?	**A ka … këtu?** [a ka … kətú?]
Puis-je … ?	**Mund të …?** [mund tə …?]
s'il vous plaît (pour une demande)	**…, ju lutem** […], [ju lútɛm]

Je cherche …	**Kërkoj …** [kərkój …]
les toilettes	**tualet** [tualét]
un distributeur	**bankomat** [bankomát]
une pharmacie	**farmaci** [farmatsʃ]
l'hôpital	**spital** [spitál]
le commissariat de police	**komisariat policie** [komisariát politsíɛ]
une station de métro	**metro** [mɛtró]

un taxi	**taksi** [táksi]
la gare	**stacion treni** [statsión trɛni]

Je m'appelle ...	**Më quajnë ...** [mə cúajnə ...]
Comment vous appelez-vous?	**Si quheni?** [si cúhɛni?]
Aidez-moi, s'il vous plaît.	**Ju lutem, mund të ndihmoni?** [ju lútɛm], [mund tə ndihmóni?]
J'ai un problème.	**Kam një problem.** [kam ɲə problém]
Je ne me sens pas bien.	**Nuk ndihem mirë.** [nuk ndíhɛm mírə]
Appelez une ambulance!	**Thërrisni një ambulancë!** [θərísni ɲə ambulántsə!]
Puis-je faire un appel?	**Mund të bëj një telefonatë?** [mund tə bəj ɲə tɛlɛfonátə?]

Excusez-moi.	**Më vjen keq.** [mə vjɛn kɛc]
Je vous en prie.	**Ju lutem.** [ju lútɛm]

je, moi	**unë, mua** [únə], [múa]
tu, toi	**ti** [ti]
il	**ai** [ai]
elle	**ajo** [ajó]
ils	**ata** [atá]
elles	**ato** [ató]
nous	**ne** [nɛ]
vous	**ju** [ju]
Vous	**ju** [ju]

ENTRÉE	**HYRJE** [hýrjɛ]
SORTIE	**DALJE** [dáljɛ]
HORS SERVICE	EN PANNE	**NUK FUNKSIONON** [nuk funksionón]
FERMÉ	**MBYLLUR** [mbýɫur]

OUVERT	**HAPUR** [hápur]
POUR LES FEMMES	**PËR FEMRA** [pər fémra]
POUR LES HOMMES	**PËR MESHKUJ** [pər méʃkuj]

Questions

Où? (lieu)	**Ku?** [ku?]
Où? (direction)	**Për ku?** [pər ku?]
D'où?	**Nga ku?** [ŋa ku?]
Pourquoi?	**Pse?** [psɛ?]
Pour quelle raison?	**Për çfarë arsye?** [pər tʃfárə arsýɛ?]
Quand?	**Kur?** [kur?]

Combien de temps?	**Sa kohë?** [sa kóhə?]
À quelle heure?	**Në çfarë ore?** [nə tʃfárə órɛ?]
C'est combien?	**Sa kushton?** [sa kuʃtón?]
Avez-vous … ?	**Keni …?** [kéni …?]
Où est …, s'il vous plaît?	**Ku ndodhet …?** [ku ndóðɛt …?]

Quelle heure est-il?	**Sa është ora?** [sa ə́ʃtə óra?]
Puis-je faire un appel?	**Mund të bëj një telefonatë?** [mund tə bəj ɲə tɛlɛfonátə?]
Qui est là?	**Kush është?** [kuʃ ə́ʃtə?]
Puis-je fumer ici?	**Mund të pi duhan këtu?** [mund tə pi duhán kətú?]
Puis-je …?	**Mund të …?** [mund tə …?]

Besoins

Je voudrais ...

Do të doja ...
[do tə dója ...]

Je ne veux pas ...

Nuk dua ...
[nuk dúa ...]

J'ai soif.

Kam etje.
[kam étjɛ]

Je veux dormir.

Dua të fle.
[dúa tə flé]

Je veux ...

Dua ...
[dúa ...]

me laver

të lahem
[tə láhɛm]

brosser mes dents

të laj dhëmbët
[tə laj ðə́mbət]

me reposer un instant

të pushoj pak
[tə puʃój pak]

changer de vêtements

të ndërrohem
[tə ndəróhɛm]

retourner à l'hôtel

të kthehem në hotel
[tə kθéhɛm nə hotél]

acheter ...

të blej ...
[tə blɛj ...]

aller à ...

të shkoj në ...
[tə ʃkoj nə ...]

visiter ...

të vizitoj ...
[tə vizitój ...]

rencontrer ...

të takohem me ...
[tə takóhɛm mɛ ...]

faire un appel

të bëj një telefonatë
[tə bəj ɲə tɛlɛfonátə]

Je suis fatigué /fatiguée/

Jam i /e/ lodhur.
[jam i /ɛ/ lóður]

Nous sommes fatigués /fatiguées/

Jemi të lodhur.
[jémi tə lóður]

J'ai froid.

Kam ftohtë.
[kam ftóhtə]

J'ai chaud.

Kam vapë.
[kam vápə]

Je suis bien.

Jam mirë.
[jam mírə]

Il me faut faire un appel.

Duhet të bëj një telefonatë.
[dúhɛt tə bəj ɲə tɛlɛfonátə]

J'ai besoin d'aller aux toilettes.

Duhet të shkoj në tualet.
[dúhɛt tə ʃkoj nə tualét]

Il faut que j'aille.

Duhet të ik.
[dúhɛt tə ik]

Je dois partir maintenant.

Duhet të ik tani.
[dúhɛt tə ik taní]

Comment demander la direction

Excusez-moi, ...	**Më falni, ...** [mə fálni, ...]
Où est ..., s'il vous plaît?	**Ku ndodhet ...?** [ku ndóðɛt ...?]
Dans quelle direction est ... ?	**Si shkohet në ...?** [si ʃkóhɛt nə ...?]
Pouvez-vous m'aider, s'il vous plaît ?	**Ju lutem, mund të më ndihmoni?** [ju lútɛm], [mund tə mə ndihmóni?]

Je cherche ...	**Kërkoj ...** [kərkój ...]
La sortie, s'il vous plaît?	**Kërkoj daljen.** [kərkój dáljɛn]
Je vais à ...	**Po shkoj në ...** [po ʃkoj nə ...]
C'est la bonne direction pour ...?	**A po shkoj siç duhet për në ...?** [a po ʃkoj sitʃ dúhɛt pər nə ...?]

C'est loin?	**Është larg?** [əʃtə larg?]
Est-ce que je peux y aller à pied?	**Mund të shkoj me këmbë deri atje?** [mund tə ʃkoj mɛ kémbə déri atjé?]
Pouvez-vous me le montrer sur la carte?	**Mund të më tregoni në hartë?** [mund tə mə trɛgóni nə hártə?]
Montrez-moi où sommes-nous, s'il vous plaît.	**Më tregoni ku ndodhemi tani.** [mə trɛgóni ku ndóðɛmi taní]

Ici	**Këtu** [kətú]
Là-bas	**Atje** [atjé]
Par ici	**Këtej** [kətéj]

Tournez à droite.	**Kthehuni djathtas.** [kθéhuni djáθtas]
Tournez à gauche.	**Kthehuni majtas.** [kθéhuni májtas]
Prenez la première (deuxième, troisième) rue.	**kthesa e parë (e dytë, e tretë)** [kθésa ɛ párə (ɛ dýtə], [ɛ trétə)]
à droite	**djathtas** [djáθtas]

à gauche

majtas
[májtas]

Continuez tout droit.

ecni drejt
[étsni dréjt]

Affiches, Pancartes

BIENVENUE!	**MIRË SE ERDHËT!** [mírə sɛ érðət!]
ENTRÉE	**HYRJE** [hýrjɛ]
SORTIE	**DALJE** [dáljɛ]

POUSSEZ	**SHTY** [ʃty]
TIREZ	**TËRHIQ** [tərhíc]
OUVERT	**HAPUR** [hápur]
FERMÉ	**MBYLLUR** [mbýɬur]

POUR LES FEMMES	**PËR FEMRA** [pər fémra]
POUR LES HOMMES	**PËR MESHKUJ** [pər méʃkuj]
MESSIEURS	**ZOTËRINJ** [zotərín]
FEMMES	**ZONJA** [zóɲa]

RABAIS | SOLDES	**ULJE** [úljɛ]
PROMOTION	**ULJE** [úljɛ]
GRATUIT	**FALAS** [fálas]
NOUVEAU!	**E RE!** [ɛ ré!]
ATTENTION!	**KUJDES!** [kujdés!]

COMPLET	**NUK KA VENDE TË LIRA** [nuk ka véndɛ tə líra]
RÉSERVÉ	**REZERVUAR** [rɛzɛrvúar]
ADMINISTRATION	**ADMINISTRATA** [administráta]
PERSONNEL SEULEMENT	**VETËM PËR PERSONELIN** [vétəm pər pɛrsonélin]

ATTENTION AU CHIEN! | **KUJDES NGA QENI!**
[kujdés ŋa céni!]

NE PAS FUMER! | **NDALOHET DUHANI!**
[ndalóhɛt duháni!]

NE PAS TOUCHER! | **MOS PREKNI!**
[mos prékni!]

DANGEREUX | **I RREZIKSHËM**
[i rɛzíkʃəm]

DANGER | **RREZIK**
[rɛzík]

HAUTE TENSION | **VOLTAZH I LARTË**
[voltáʒ i lártə]

BAIGNADE INTERDITE! | **NDALOHET NOTI!**
[ndalóhɛt nóti!]

HORS SERVICE | EN PANNE | **NUK FUNKSIONON**
[nuk funksionón]

INFLAMMABLE | **I DJEGSHËM**
[i djégʃəm]

INTERDIT | **I NDALUAR**
[i ndalúar]

ENTRÉE INTERDITE! | **NDALOHET KALIMI!**
[ndalóhɛt kalími!]

PEINTURE FRAÎCHE | **BOJË E FRESKËT**
[bójə ɛ fréskət]

FERMÉ POUR TRAVAUX | **MBYLLUR PËR RESTAURIM**
[mbýɫur pər rɛstaurim]

TRAVAUX EN COURS | **PO KRYHEN PUNIME**
[po krýhɛn punímɛ]

DÉVIATION | **DEVIJIM**
[dɛvijím]

Transport - Phrases générales

avion	**avion** [avión]
train	**tren** [trɛn]
bus, autobus	**autobus** [autobús]
ferry	**traget** [tragét]
taxi	**taksi** [táksi]
voiture	**makinë** [makínə]

horaire	**orar** [orár]
Où puis-je voir l'horaire?	**Ku mund të shikoj oraret?** [ku mund tə ʃikój orárɛt?]
jours ouvrables	**ditë pune** [dítə púnɛ]
jours non ouvrables	**fundjava** [fundʒáva]
jours fériés	**pushime** [puʃímɛ]

DÉPART	**NISJE** [nísjɛ]
ARRIVÉE	**MBËRRITJE** [mbərítjɛ]
RETARDÉE	**VONESË** [vonésə]
ANNULÉE	**ANULUAR** [anulúar]

prochain	**tjetër** [tjétər]
premier	**parë** [párə]
dernier	**fundit** [fúndit]

À quelle heure est le prochain ...?	**Kur është ... tjetër?** [kur əʃtə ... tjétər?]
À quelle heure est le premier ...?	**Kur është ... i parë?** [kur əʃtə ... i párə?]

À quelle heure est le dernier ...?

Kur është ... i fundit?
[kur éʃtə ... i fúndit?]

correspondance

ndërrim
[ndərím]

prendre la correspondance

të ndërroj
[tə ndərój]

Dois-je prendre la correspondance?

Duhet të ndërroj?
[dúhɛt tə ndərój?]

Acheter un billet

Où puis-je acheter des billets?	**Ku mund të blej bileta?** [ku mund tə bléj biléta?]
billet	**biletë** [bilétə]
acheter un billet	**të blej biletë** [tə blɛj bilétə]
le prix d'un billet	**çmimi i biletës** [tʃmími i bilétəs]

Pour aller où?	**Për ku?** [pər ku?]
Quelle destination?	**Në cilin stacion?** [nə tsílin statsión?]
Je voudrais ...	**Më nevojitet ...** [mə nɛvojítɛt ...]
un billet	**një biletë** [ɲə bilétə]
deux billets	**dy bileta** [dy biléta]
trois billets	**tre bileta** [trɛ biléta]

aller simple	**vajtje** [vájtjɛ]
aller-retour	**me kthim** [mɛ kθim]
première classe	**klasi i parë** [klási i párə]
classe économique	**klasi i dytë** [klási i dýtə]

aujourd'hui	**sot** [sot]
demain	**nesër** [nésər]
après-demain	**pasnesër** [pasnésər]
dans la matinée	**në mëngjes** [nə mənɟés]
l'après-midi	**në pasdite** [nə pasdítɛ]
dans la soirée	**në mbrëmje** [nə mbrémjɛ]

siège côté couloir

ulëse në korridor
[úləsε nə koridór]

siège côté fenêtre

ulëse tek dritarja
[úləsε tεk dritárja]

C'est combien?

Sa kushton?
[sa kuʃtón?]

Puis-je payer avec la carte?

Mund të paguaj me kartelë krediti?
[mund tə pagúaj mε kartélə krεdíti?]

L'autobus

bus, autobus	**autobus** [autobús]
autocar	**autobus urban** [autobús urbán]
arrêt d'autobus	**stacion autobusi** [statsión autobúsi]
Où est l'arrêt d'autobus le plus proche?	**Ku ndodhet stacioni më i afërt i autobusit?** [ku ndóðɛt statsióni mə i áfərt i autobúsit?]
numéro	**numri** [númri]
Quel bus dois-je prendre pour aller à ...?	**Cilin autobus duhet të marr për të shkuar në ...?** [tsílin autobús dúhɛt tə mar pər tə ʃkúar nə ...?]
Est-ce que ce bus va à ...?	**A shkon ky autobus në ...?** [a ʃkon ky autobús nə ...?]
L'autobus passe tous les combien?	**Sa shpesh kalojnë autobusët?** [sa ʃpɛʃ kalójnə autobúsət?]
chaque quart d'heure	**çdo 15 minuta** [tʃdo pɛsəmbəðjétə minúta]
chaque demi-heure	**çdo gjysmë ore** [tʃdo ɟysmə órɛ]
chaque heure	**çdo një orë** [tʃdo ɲə órə]
plusieurs fois par jour	**disa herë në ditë** [dísa hérə nə dítə]
... fois par jour	**... herë në ditë** [... hérə nə dítə]
horaire	**orari** [orári]
Où puis-je voir l'horaire?	**Ku mund të shikoj oraret?** [ku mund tə ʃikój orárɛt?]
À quelle heure passe le prochain bus?	**Kur është autobusi tjetër?** [kur ə́ʃtə autobúsi tjétər?]
À quelle heure passe le premier bus?	**Kur është autobusi i parë?** [kur ə́ʃtə autobúsi i párə?]
À quelle heure passe le dernier bus?	**Kur është autobusi i fundit?** [kur ə́ʃtə autobúsi i fúndit?]

arrêt	**stacion** [statsión]
prochain arrêt	**stacioni tjetër** [statsióni tjétər]
terminus	**stacioni i fundit** [statsióni i fúndit]
Pouvez-vous arrêter ici, s'il vous plaît.	**Ju lutem, ndaloni këtu.** [ju lútɛm], [ndalóni kətú]
Excusez-moi, c'est mon arrêt.	**Më falni, ky është stacioni im.** [mə fálni], [ky éʃtə statsióni im]

Train

train	**tren** [trɛn]
train de banlieue	**tren lokal** [trɛn lokál]
train de grande ligne	**tren** [trɛn]
la gare	**stacion treni** [statsión trɛni]
Excusez-moi, où est la sortie vers les quais?	**Më falni, ku është dalja për në platformë?** [mə fálni], [ku ə́ʃtə dálja pər nə platfórmə?]

Est-ce que ce train va à ...?	**A shkon ky tren në ...?** [a ʃkon ky trɛn nə ...?]
le prochain train	**treni tjetër** [tréni tjétər]
À quelle heure est le prochain train?	**Kur vjen treni tjetër?** [kur vjɛn tréni tjétər?]
Où puis-je voir l'horaire?	**Ku mund të shikoj oraret?** [ku mund tə ʃikój orárɛt?]
De quel quai?	**Nga cila platformë?** [ŋa tsíla platfórmə?]
À quelle heure arrive le train à ...?	**Kur arrin treni në ...** [kur arín tréni nə ...]

Pouvez-vous m'aider, s'il vous plaît?	**Ju lutem më ndihmoni.** [ju lútɛm mə ndihmóni]
Je cherche ma place.	**Kërkoj ulësen time.** [kərkój úləsɛn tímɛ]
Nous cherchons nos places.	**Po kërkojmë ulëset tona.** [po kərkójmə úləsɛt tóna]
Ma place est occupée.	**ulësja ime është zënë.** [úləsja ímɛ ə́ʃtə zə́nə]
Nos places sont occupées.	**ulëset tona janë zënë.** [úləsɛt tóna jánə zə́nə]

Excusez-moi, mais c'est ma place.	**Më falni por kjo është ulësja ime.** [mə fálni por kjo ə́ʃtə úləsja ímɛ]
Est-ce que cette place est libre?	**A është e zënë kjo ulëse?** [a ə́ʃtə ɛ zə́nə kjo úləsɛ?]
Puis-je m'asseoir ici?	**Mund të ulem këtu?** [mund tə úlɛm kətú?]

Sur le train - Dialogue (Pas de billet)

Votre billet, s'il vous plaît.	**Biletën, ju lutem.** [bilétən], [ju lútɛm]
Je n'ai pas de billet.	**Nuk kam biletë.** [nuk kam bilétə]
J'ai perdu mon billet.	**Humba biletën.** [húmba bilétən]
J'ai oublié mon billet à la maison.	**E harrova biletën në shtëpi.** [ɛ haróva bilétən nə ʃtəpí]

Vous pouvez m'acheter un billet.	**Mund të blini biletën tek unë.** [mund tə blíni bilétən tɛk únə]
Vous devrez aussi payer une amende.	**Duhet gjithashtu të paguani gjobë.** [dúhɛt ɟiθaʃtú tə pagúani ɟóbə]
D'accord.	**Në rregull.** [nə réguɫ]
Où allez-vous?	**Ku po shkoni?** [ku po ʃkóni?]
Je vais à ...	**Po shkoj në ...** [po ʃkoj nə ...]

Combien? Je ne comprend pas.	**Sa kushton? Nuk kuptoj.** [sa kuʃtón? nuk kuptój]
Pouvez-vous l'écrire, s'il vous plaît.	**Shkruajeni, ju lutem.** [ʃkrúajɛni], [ju lútɛm]
D'accord. Puis-je payer avec la carte?	**Në rregull. Mund të paguaj me kartelë krediti?** [nə réguɫ. mund tə pagúaj mɛ kartélə krɛdíti?]
Oui, bien sûr.	**Po, mundeni.** [po], [múndɛni]

Voici votre reçu.	**Urdhëroni faturën.** [urðəróni fatúrən]
Désolé pour l'amende.	**Më vjen keq për gjobën.** [mə vjɛn kɛc pər ɟóbən]
Ça va. C'est de ma faute.	**S'ka gjë. ishte gabimi im.** [s'ka ɟə. íʃtɛ gabími im]
Bon voyage.	**Rrugë të mbarë.** [rúgə tə mbárə]

Taxi

taxi	**taksi** [táksi]
chauffeur de taxi	**shofer taksie** [ʃofér taksíɛ]
prendre un taxi	**të kap taksi** [tə kap táksi]
arrêt de taxi	**stacion për taksi** [statsión pər táksi]
Où puis-je trouver un taxi?	**Ku mund të gjej një taksi?** [ku mund tə ɟɛj ɲə táksi?]
appeler un taxi	**thërras një taksi** [θərás ɲə táksi]
Il me faut un taxi.	**Më nevojitet taksi.** [mə nɛvojítɛt táksi]
maintenant	**Tani.** [taní]
Quelle est votre adresse?	**Cila është adresa juaj?** [tsíla əʃtə adrésa júaj?]
Mon adresse est ...	**Adresa ime është ...** [adrésa imɛ əʃtə ...]
Votre destination?	**Destinacioni juaj?** [dɛstinatsióni júaj?]
Excusez-moi, ...	**Më falni, ...** [mə fálni, ...]
Vous êtes libre ?	**Jeni i lirë?** [jéni i lírə?]
Combien ça coûte pour aller à ...?	**Sa kushton deri në ...?** [sa kuʃtón déri nə ...?]
Vous savez où ça se trouve?	**E dini ku ndodhet?** [ɛ díni ku ndóðɛt?]
À l'aéroport, s'il vous plaît.	**Në aeroport, ju lutem.** [nə aɛropórt], [ju lútɛm]
Arrêtez ici, s'il vous plaît.	**Ju lutem, ndaloni këtu.** [ju lútɛm], [ndalóni kətú]
Ce n'est pas ici.	**Nuk është këtu.** [nuk əʃtə kətú]
C'est la mauvaise adresse.	**Kjo është adresë e gabuar.** [kjo əʃtə adrésə ɛ gabúar]
tournez à gauche	**Kthehuni majtas.** [kθéhuni májtas]
tournez à droite	**Kthehuni djathtas.** [kθéhuni djáθtas]

Combien je vous dois?	**Sa ju detyrohem?** [sa ju dɛtyróhɛm?]
J'aimerais avoir un reçu, s'il vous plaît.	**Ju lutem, më jepni një faturë.** [ju lútɛm], [mə jépni ɲə fatúrə]
Gardez la monnaie.	**Mbajeni kusurin.** [mbájɛni kusúrin]

Attendez-moi, s'il vous plaît ...	**Mund të më prisni, ju lutem?** [mund tə mə prísni], [ju lútɛm?]
cinq minutes	**pesë minuta** [pésə minúta]
dix minutes	**dhjetë minuta** [ðjétə minúta]
quinze minutes	**pesëmbëdhjetë minuta** [pɛsəmbəðjétə minúta]
vingt minutes	**njëzet minuta** [ɲəzét minúta]
une demi-heure	**gjysmë ore** [ɟýsmə órɛ]

Hôtel

Bonjour.	**Përshëndetje.** [pərʃəndétjɛ]
Je m'appelle …	**Më quajnë …** [mə cúajnə …]
J'ai réservé une chambre.	**Kam një rezervim.** [kam ɲə rɛzɛrvím]

Je voudrais …	**Më nevojitet …** [mə nɛvojítɛt …]
une chambre simple	**dhomë teke** [ðómə tékɛ]
une chambre double	**dhomë dyshe** [ðómə dýʃɛ]
C'est combien?	**Sa kushton?** [sa kuʃtón?]
C'est un peu cher.	**Është pak shtrenjtë.** [éʃtə pak ʃtréɲtə]

Avez-vous autre chose?	**Keni ndonjë gjë tjetër?** [kéni ndóɲə ɟə tjétər?]
Je vais la prendre.	**Do ta marr.** [do ta mar]
Je vais payer comptant.	**Do paguaj me para në dorë.** [do pagúaj mɛ pará nə dórə]

J'ai un problème.	**Kam një problem.** [kam ɲə problém]
Mon … est cassé.	**Më është prishur …** [mə éʃtə príʃur …]
Mon … ne fonctionne pas.	**Nuk funksionon …** [nuk funksionón …]
télé	**televizor** [tɛlɛvizór]
air conditionné	**kondicioner** [konditsionér]
robinet	**çezma** [tʃézma]

douche	**dushi** [duʃi]
évier	**lavamani** [lavamáni]
coffre-fort	**kasaforta** [kasafórta]

serrure de porte	**brava e derës** [bráva ɛ dérəs]
prise électrique	**paneli elektrik** [panéli ɛlɛktrík]
sèche-cheveux	**tharësja e flokëve** [θárəsja ɛ flókəvɛ]

Je n'ai pas …	**Nuk kam …** [nuk kam …]
d'eau	**ujë** [újə]
de lumière	**drita** [dríta]
d'électricité	**korrent** [korént]

Pouvez-vous me donner …?	**Mund të më jepni …?** [mund tə mə jépni …?]
une serviette	**një peshqir** [ɲə pɛʃcír]
une couverture	**një çarçaf** [ɲə tʃartʃáf]
des pantoufles	**shapka** [ʃápka]
une robe de chambre	**penuar** [pɛnuár]
du shampoing	**shampo** [ʃampó]
du savon	**sapun** [sapún]

Je voudrais changer ma chambre.	**Dua të ndryshoj dhomën.** [dúa tə ndrýʃój ðómən]
Je ne trouve pas ma clé.	**Nuk po gjej çelësin.** [nuk po ɟɛj tʃéləsin]
Pourriez-vous ouvrir ma chambre, s'il vous plaît?	**Mund të më hapni derën, ju lutem?** [mund tə mə hápni dérən], [ju lútɛm?]
Qui est là?	**Kush është?** [kuʃ éʃtə?]
Entrez!	**Hyni!** [hýni!]
Une minute!	**Një minutë!** [ɲə minútə!]
Pas maintenant, s'il vous plaît.	**Jo tani, ju lutem.** [jo taní], [ju lútɛm]

Pouvez-vous venir à ma chambre, s'il vous plaît.	**Ju lutem, ejani në dhomë.** [ju lútɛm], [éjani nə ðómə]
J'aimerais avoir le service d'étage.	**Dua të porosisja ushqim.** [dúa tə porosísja uʃcím]
Mon numéro de chambre est le …	**Numri i dhomës është …** [númri i ðóməs éʃtə …]

Je pars ...	**Po largohem ...** [po largóhɛm ...]
Nous partons ...	**Po largohemi ...** [po largóhɛmi ...]
maintenant	**tani** [taní]
cet après-midi	**këtë pasdite** [kétə pasdítɛ]
ce soir	**sonte** [sóntɛ]
demain	**nesër** [nésər]
demain matin	**nesër në mëngjes** [nésər nə mənɟés]
demain après-midi	**nesër në mbrëmje** [nésər nə mbrémjɛ]
après-demain	**pasnesër** [pasnésər]

Je voudrais régler mon compte.	**Dua të paguaj.** [dúa tə pagúaj]
Tout était merveilleux.	**Gjithçka ishte e mrekullueshme.** [ɟiθtʃká íʃtɛ ɛ mrɛkuɫúɛʃmɛ]
Où puis-je trouver un taxi?	**Ku mund të gjej një taksi?** [ku mund tə ɟɛj ɲə táksi?]
Pourriez-vous m'appeler un taxi, s'il vous plaît?	**Mund të më thërrisni një taksi, ju lutem?** [mund tə mə θərísni ɲə táksi], [ju lútɛm?]

Restaurant

Puis-je voir le menu, s'il vous plaît?

Mund të shoh menynë, ju lutem?
[mund tə ʃoh mɛnýnə], [ju lútɛm?]

Une table pour une personne.

Tavolinë për një person.
[tavolínə pər ɲə pɛrsón]

Nous sommes deux (trois, quatre).

Jemi dy (tre, katër) vetë.
[jémi dy (trɛ], [kátər) vétə]

Fumeurs

Lejohet duhani
[lɛjóhɛt duháni]

Non-fumeurs

Ndalohet duhani
[ndalóhɛt duháni]

S'il vous plaît!

Më falni!
[mə fálni!]

menu

menyja
[mɛnýja]

carte des vins

menyja e verave
[mɛnýja ɛ véravɛ]

Le menu, s'il vous plaît.

Menynë, ju lutem.
[mɛnýnə], [ju lútɛm]

Êtes-vous prêts à commander?

Jeni gati për të dhënë porosinë?
[jéni gáti pər tə ðə́nə porosínə?]

Qu'allez-vous prendre?

Çfarë do të merrni?
[tʃfárə do tə mérni?]

Je vais prendre ...

Do të marr ...
[do tə mar ...]

Je suis végétarien.

Jam vegjetarian /vegjetariane/.
[jam vɛɟɛtarián /vɛɟɛtariánɛ/]

viande

mish
[miʃ]

poisson

peshk
[pɛʃk]

légumes

perime
[pɛrímɛ]

Avez-vous des plats végétariens?

Keni gatime për vegjetarianë?
[kéni gatímɛ pər vɛɟɛtariánə?]

Je ne mange pas de porc.

Nuk ha mish derri.
[nuk ha miʃ déri]

Il /elle/ ne mange pas de viande.

Ai /Ajo/ nuk ha mish.
[aí /ajó/ nuk ha miʃ]

Je suis allergique à ...

Kam alergji nga ...
[kam alɛɟí ŋa ...]

Pourriez-vous m'apporter ..., s'il vous plaît.	**Mund të më sillni ...** [mund tə mə síɬni ...]
le sel | le poivre | du sucre	**kripë | piper | sheqer** [krípə | pipér | ʃεcér]
un café | un thé | un dessert	**kafe | çaj | ëmbëlsirë** [káfε | tʃaj | əmbəlsírə]
de l'eau | gazeuse | plate	**ujë | me gaz | pa gaz** [újə | mε gaz | pa gaz]
une cuillère | une fourchette | un couteau	**një lugë | pirun | thikë** [ɲə lúgə | pirún | θíkə]
une assiette | une serviette	**një pjatë | pecetë** [ɲə pjátə | pεtsétə]

Bon appétit!	**Ju bëftë mirë!** [ju béftə mírə!]
Un de plus, s'il vous plaît.	**Dhe një tjetër, ju lutem.** [ðε ɲə tjétər], [ju lútεm]
C'était délicieux.	**ishte shumë e shijshme.** [íʃtε ʃúmə ε ʃíjʃmε]

l'addition | de la monnaie | le pourboire	**llogari | kusur | bakshish** [ɬogarí | kusúr | bakʃíʃ]
L'addition, s'il vous plaît.	**Llogarinë, ju lutem.** [ɬogarínə], [ju lútεm]
Puis-je payer avec la carte?	**Mund të paguaj me kartelë krediti?** [mund tə pagúaj mε kartélə krεdíti?]
Excusez-moi, je crois qu'il y a une erreur ici.	**Më falni por ka një gabim këtu.** [mə fálni por ka ɲə gabím kətú]

Shopping. Faire les Magasins

Est-ce que je peux vous aider?	**Mund t'ju ndihmoj?** [mund t'ju ndihmój?]
Avez-vous ... ?	**Keni ...?** [kéni ...?]
Je cherche ...	**Kërkoj ...** [kərkój ...]
Il me faut ...	**Më nevojitet ...** [mə nɛvojítɛt ...]
Je regarde seulement, merci.	**Thjesht po shoh.** [θjɛʃt po ʃoh]
Nous regardons seulement, merci.	**Thjesht po shohim.** [θjɛʃt po ʃóhim]
Je reviendrai plus tard.	**Do vij më vonë.** [do víj mə vónə]
On reviendra plus tard.	**Do vijmë më vonë.** [do víjmə mə vónə]
Rabais | Soldes	**ulje çmimesh | ulje** [úljɛ ʧmímɛʃ | úljɛ]
Montrez-moi, s'il vous plaît ...	**Ju lutem mund të më tregoni ...** [ju lútɛm mund tə mə trɛgóni ...]
Donnez-moi, s'il vous plaît ...	**Ju lutem mund të më jepni ...** [ju lútɛm mund tə mə jépni ...]
Est-ce que je peux l'essayer?	**Mund ta provoj?** [mund ta provój?]
Excusez-moi, où est la cabine d'essayage?	**Më falni, ku është dhoma e provës?** [mə fálni], [ku əʃtə ðóma ɛ próvəs?]
Quelle couleur aimeriez-vous?	**Çfarë ngjyre e doni?** [ʧfárə nɟyrɛ ɛ dóni?]
taille | longueur	**numri | gjatësia** [númri | ɟatəsía]
Est-ce que la taille convient ?	**Si ju rri?** [si ju ri?]
Combien ça coûte?	**Sa kushton?** [sa kuʃtón?]
C'est trop cher.	**Është shumë shtrenjtë.** [əʃtə ʃúmə ʃtréɲtə]
Je vais le prendre.	**Do ta marr.** [do ta mar]
Excusez-moi, où est la caisse?	**Më falni, ku duhet të paguaj?** [mə fálni], [ku dúhɛt tə pagúaj?]

Payerez-vous comptant ou par carte de crédit?	**Do paguani me para në dorë apo kartelë krediti?** [do pagúani mɛ pará nə dórə apo kartélə krɛdíti?]
Comptant | par carte de crédit	**Me para në dorë | me kartelë krediti** [mɛ pará nə dórə | mɛ kartélə krɛdíti]

Voulez-vous un reçu?	**Dëshironi faturën?** [dəʃiróni fatúrən?]
Oui, s'il vous plaît.	**Po faleminderit.** [po falɛmindérit]
Non, ce n'est pas nécessaire.	**Jo, s'ka problem.** [jo], [s'ka problém]
Merci. Bonne journée!	**Faleminderit. Ditë të mbarë!** [falɛmindérit. dítə tə mbárə!]

En ville

Excusez-moi, ...	**Më falni, ju lutem.** [mə fálni], [ju lútɛm]
Je cherche ...	**Kërkoj ...** [kərkój ...]
le métro	**metronë** [mɛtrónə]
mon hôtel	**hotelin** [hotélin]
le cinéma	**kinemanë** [kinɛmánə]
un arrêt de taxi	**një stacion për taksi** [ɲə statsión pər táksi]

un distributeur	**një bankomat** [ɲə bankomát]
un bureau de change	**një zyrë shkëmbimi parash** [ɲə zýrə ʃkəmbími paráʃ]
un café internet	**një internet kafe** [ɲə intɛrnét káfɛ]
la rue ...	**rrugën ...** [rúgən ...]
cette place-ci	**këtë vend** [kétə vɛnd]

Savez-vous où se trouve ...?	**Dini ku ndodhet ...?** [díni ku ndóðɛt ...?]
Quelle est cette rue?	**Cila rrugë është kjo?** [tsíla rúgə éʃtə kjó?]

Montrez-moi où sommes-nous, s'il vous plaît.	**Më tregoni ku ndodhemi tani.** [mə trɛgóni ku ndóðɛmi taní]
Est-ce que je peux y aller à pied?	**Mund të shkoj me këmbë deri atje?** [mund tə ʃkoj mɛ kə́mbə déri atjé?]
Avez-vous une carte de la ville?	**Keni hartë të qytetit?** [kéni hártə tə cytétit?]

C'est combien pour un ticket?	**Sa kushton një biletë hyrje?** [sa kuʃtón ɲə bilétə hýrjɛ?]
Est-ce que je peux faire des photos?	**Mund të bëj fotografi këtu?** [mund tə bəj fotografí kətú?]
Êtes-vous ouvert?	**Jeni të hapur?** [jéni tə hápur?]

À quelle heure ouvrez-vous?

Kur hapeni?
[kur hápɛni?]

À quelle heure fermez-vous?

Kur mbylleni?
[kur mbýłɛni?]

L'argent

argent	**para** [pará]
argent liquide	**para në dorë** [pará nə dórə]
des billets	**kartëmonedha** [kartəmonéða]
petite monnaie	**kusur** [kusúr]
l'addition | de la monnaie | le pourboire	**llogari | kusur | bakshish** [łogarí | kusúr | bakʃíʃ]
carte de crédit	**kartelë krediti** [kartélə krɛdíti]
portefeuille	**portofol** [portofól]
acheter	**të blej** [tə blɛj]
payer	**të paguaj** [tə pagúaj]
amende	**gjobë** [ɟóbə]
gratuit	**falas** [fálas]
Où puis-je acheter … ?	**Ku mund të blej …?** [ku mund tə bléj …?]
Est-ce que la banque est ouverte en ce moment?	**Është banka e hapur tani?** [éʃtə bánka ɛ hápur taní?]
À quelle heure ouvre-t-elle?	**Kur hapet?** [kur hápɛt?]
À quelle heure ferme-t-elle?	**Kur mbyllet?** [kur mbýłɛt?]
C'est combien?	**Sa kushton?** [sa kuʃtón?]
Combien ça coûte?	**Sa kushton kjo?** [sa kuʃtón kjo?]
C'est trop cher.	**Është shumë shtrenjtë.** [éʃtə ʃúmə ʃtréɲtə]
Excusez-moi, où est la caisse?	**Më falni, ku duhet të paguaj?** [mə fálni], [ku dúhɛt tə pagúaj?]
L'addition, s'il vous plaît.	**Llogarinë, ju lutem.** [łogarínə], [ju lútɛm]

Puis-je payer avec la carte?	**Mund të paguaj me kartelë krediti?** [mund tə pagúaj mɛ kartélə krɛdíti?]
Est-ce qu'il y a un distributeur ici?	**Ka ndonjë bankomat këtu?** [ka ndóɲə bankomát kətú?]
Je cherche un distributeur.	**Kërkoj një bankomat.** [kərkój ɲə bankomát]

Je cherche un bureau de change.	**Kërkoj një zyrë të këmbimit valutor.** [kərkój ɲə zýrə tə kəmbímit valutór]
Je voudrais changer …	**Dua të këmbej …** [dúa tə kəmbéj …]
Quel est le taux de change?	**Sa është kursi i këmbimit?** [sa éʃtə kúrsi i kəmbímit?]
Avez-vous besoin de mon passeport?	**Ju duhet pasaporta ime?** [ju dúhɛt pasapórta ímɛ?]

Le temps

Quelle heure est-il?	**Sa është ora?** [sa éʃtə óra?]
Quand?	**Kur?** [kur?]

À quelle heure?	**Në çfarë ore?** [nə tʃfárə órɛ?]
maintenant | plus tard | après ...	**tani | më vonë | pas ...** [taní | mə vónə | pas ...]

une heure	**ora një** [óra ɲə]
une heure et quart	**një e çerek** [ɲə ɛ tʃɛrék]
une heure et demie	**një e tridhjetë** [ɲə ɛ triðjétə]
deux heures moins quart	**një e dyzet e pesë** [ɲə ɛ dyzét ɛ pésə]

un | deux | trois	**një | dy | tre** [ɲə | dy | trɛ]
quatre | cinq | six	**katër | pesë | gjashtë** [kátər | pésə | ɉáʃtə]
sept | huit | neuf	**shtatë | tetë | nëntë** [ʃtátə | tétə | néntə]
dix | onze | douze	**dhjetë | njëmbëdhjetë | dymbëdhjetë** [ðjétə | ɲəmbəðjétə | dymbəðjétə]

dans ...	**për ...** [pər ...]
cinq minutes	**pesë minuta** [pésə minúta]
dix minutes	**dhjetë minuta** [ðjétə minúta]
quinze minutes	**pesëmbëdhjetë minuta** [pɛsəmbəðjétə minúta]
vingt minutes	**njëzet minuta** [ɲəzét minúta]
une demi-heure	**gjysmë ore** [ɉýsmə órɛ]
une heure	**një orë** [ɲə órə]

dans la matinée	**në mëngjes** [nə mənɟés]
tôt le matin	**në mëngjes herët** [nə mənɟés hérət]
ce matin	**sot në mëngjes** [sot nə mənɟés]
demain matin	**nesër në mëngjes** [nésər nə mənɟés]
à midi	**në mesditë** [nə mɛsdítə]
dans l'après-midi	**në pasdite** [nə pasdítɛ]
dans la soirée	**në mbrëmje** [nə mbrémjɛ]
ce soir	**sonte** [sóntɛ]
la nuit	**natën** [nátən]
hier	**dje** [djé]
aujourd'hui	**sot** [sot]
demain	**nesër** [nésər]
après-demain	**pasnesër** [pasnésər]
Quel jour sommes-nous aujourd'hui?	**Çfarë dite është sot?** [ʧfárə dítɛ éʃtə sot?]
Nous sommes …	**Është …** [éʃtə …]
lundi	**E hënë** [ɛ hénə]
mardi	**E martë** [ɛ mártə]
mercredi	**E mërkurë** [ɛ mərkúrə]
jeudi	**E enjte** [ɛ éɲtɛ]
vendredi	**E premte** [ɛ prémtɛ]
samedi	**E shtunë** [ɛ ʃtúnə]
dimanche	**E diel** [ɛ díɛl]

Salutations - Introductions

Bonjour.	**Përshëndetje.** [pərʃəndétjɛ]
Enchanté /Enchantée/	**Kënaqësi që u njohëm.** [kənacəsí cə u ɲóhəm]
Moi aussi.	**Gjithashtu.** [ɟiθaʃtú]
Je voudrais vous présenter ...	**Ju prezantoj me ...** [ju prɛzantój mɛ ...]
Ravi de vous rencontrer.	**Gëzohem që u njohëm.** [gəzóhɛm cə u ɲóhəm]

Comment allez-vous?	**Si jeni?** [si jéni?]
Je m'appelle ...	**Më quajnë ...** [mə cúajnə ...]
Il s'appelle ...	**Ai quhet ...** [ai cúhɛt ...]
Elle s'appelle ...	**Ajo quhet ...** [ajó cúhɛt ...]
Comment vous appelez-vous?	**Si quheni?** [si cúhɛni?]
Quel est son nom? (m)	**Si e quajnë?** [si ɛ cúajnə?]
Quel est son nom? (f)	**Si e quajnë?** [si ɛ cúajnə?]

Quel est votre nom de famille?	**Si e keni mbiemrin?** [si ɛ kéni mbiémrin?]
Vous pouvez m'appeler ...	**Mund të më thërrisni ...** [mund tə mə θərísni ...]
D'où êtes-vous?	**Nga jeni?** [ŋa jéni?]
Je suis de ...	**Jam nga ...** [jam ŋa ...]
Qu'est-ce que vous faites dans la vie?	**Me çfarë merreni?** [mɛ tʃfárə mérɛni?]
Qui est-ce?	**Kush është ky?** [kuʃ éʃtə ky?]
Qui est-il?	**Kush është ai?** [kuʃ éʃtə ái?]
Qui est-elle?	**Kush është ajo?** [kuʃ əʃtə ajó?]
Qui sont-ils?	**Kush janë ata?** [kuʃ jánə atá?]

C'est ...	**Ky /Kjo/ është ...**
	[ky /kjo/ éʃtə ...]
mon ami	**shoku im**
	[ʃóku im]
mon amie	**shoqja ime**
	[ʃócja ímɛ]
mon mari	**bashkëshorti im**
	[baʃkəʃórti im]
ma femme	**bashkëshortja ime**
	[baʃkəʃórtja imɛ]

mon père	**babai im**
	[babái im]
ma mère	**nëna ime**
	[nə́na ímɛ]
mon frère	**vëllai im**
	[vəɫái im]
ma sœur	**motra ime**
	[mótra ímɛ]
mon fils	**djali im**
	[djáli im]
ma fille	**vajza ime**
	[vájza ímɛ]

C'est notre fils.	**Ky është djali ynë.**
	[ky éʃtə djáli ýnə]
C'est notre fille.	**Kjo është vajza jonë.**
	[kjo éʃtə vájza jónə]
Ce sont mes enfants.	**Këta janë fëmijët e mi.**
	[kətá jánə fəmíjət ɛ mi]
Ce sont nos enfants.	**Këta janë fëmijët tanë.**
	[kətá jánə fəmíjət tánə]

Les adieux

Au revoir!	**Mirupafshim!** [mirupáfʃim!]
Salut!	**Pafshim!** [páfʃim!]
À demain.	**Shihemi nesër.** [ʃíhɛmi nésər]
À bientôt.	**Shihemi së shpejti.** [ʃíhɛmi sə ʃpéjti]
On se revoit à sept heures.	**Shihemi në orën shtatë.** [ʃíhɛmi nə órən ʃtátə]

Amusez-vous bien!	**ia kalofshi mirë!** [ía kalófʃi mírə!]
On se voit plus tard.	**Flasim më vonë.** [flásim mə vónə]
Bonne fin de semaine.	**Fundjavë të këndshme.** [fundjávə tə kəndʃmɛ]
Bonne nuit.	**Natën e mirë.** [nátən ɛ mírə]

Il est l'heure que je parte.	**erdhi koha të ik.** [érði kóha tə ik]
Je dois m'en aller.	**Duhet të ik.** [dúhɛt tə ik]
Je reviens tout de suite.	**Kthehem menjëherë.** [kθéhɛm mɛɲəhérə]

Il est tard.	**Është vonë.** [ə́ʃtə vónə]
Je dois me lever tôt.	**Duhet të ngrihem herët.** [dúhɛt tə ŋríhɛm hérət]
Je pars demain.	**Do ik nesër.** [do ik nésər]
Nous partons demain.	**Do ikim nesër.** [do íkim nésər]

Bon voyage!	**Udhëtim të mbarë!** [uðətím tə mbárə!]
Enchanté de faire votre connaissance.	**ishte kënaqësi.** [íʃtɛ kənacəsí]
Heureux /Heureuse/ d'avoir parlé avec vous.	**ishte kënaqësi që folëm.** [íʃtɛ kənacəsí cə fóləm]
Merci pour tout.	**Faleminderit për gjithçka.** [falɛmindérit pər ɟíθtʃka]

Je me suis vraiment amusé /amusée/	**ia kalova shumë mirë.** [ía kalóva ʃúmə mírə]
Nous nous sommes vraiment amusés /amusées/	**ia kaluam shumë mirë.** [ía kalúam ʃúmə mírə]
C'était vraiment plaisant.	**ishte vërtet fantastike.** [íʃtɛ vərtét fantastíkɛ]
Vous allez me manquer.	**Do më marrë malli.** [do mə márə máłi]
Vous allez nous manquer.	**Do na marrë malli.** [do na márə máłi]

Bonne chance!	**Suksese!** [suksésɛ!]
Mes salutations à ...	**I bën të fala ...** [i bən tə fála ...]

Une langue étrangère

Je ne comprends pas.	**Nuk kuptoj.** [nuk kuptój]
Écrivez-le, s'il vous plaît.	**Shkruajeni, ju lutem.** [ʃkrúajɛni], [ju lútɛm]
Parlez-vous ...?	**Flisni ...?** [flísni ...?]

Je parle un peu ...	**Flas pak ...** [flás pak ...]
anglais	**Anglisht** [aɲlíʃt]
turc	**Turqisht** [turcíʃt]
arabe	**Arabisht** [arabíʃt]
français	**Frëngjisht** [frənɟíʃt]

allemand	**Gjermanisht** [ɟɛrmaníʃt]
italien	**Italisht** [italíʃt]
espagnol	**Spanjisht** [spaɲíʃt]
portugais	**Portugalisht** [portugalíʃt]
chinois	**Kinezisht** [kinɛzíʃt]
japonais	**Japonisht** [japoníʃt]

Pouvez-vous le répéter, s'il vous plaît.	**Mund ta përsërisni, ju lutem.** [mund ta pərsərísni], [ju lútɛm]
Je comprends.	**Kuptoj.** [kuptój]
Je ne comprends pas.	**Nuk kuptoj.** [nuk kuptój]
Parlez plus lentement, s'il vous plaît.	**Ju lutem, flisni më ngadalë.** [ju lútɛm], [flísni mə ŋadálə]

Est-ce que c'est correct?	**E saktë?** [ɛ sáktə?]
Qu'est-ce que c'est?	**Çfarë është kjo?** [tʃfárə əʃtə kjó?]

Les excuses

Excusez-moi, s'il vous plaît.	**Më falni.** [mə fálni]
Je suis désolé /désolée/	**Më vjen keq.** [mə vjɛn kɛc]
Je suis vraiment /désolée/	**Më vjen shumë keq.** [mə vjɛn ʃúmə kɛc]
Désolé /Désolée/, c'est ma faute.	**Më fal, është faji im.** [mə fal], [éʃtə fájı im]
Au temps pour moi.	**Gabimi im.** [gabími im]

Puis-je … ?	**Mund të …?** [mund tə …?]
Ça vous dérange si je …?	**Ju vjen keq nëse …?** [ju vjɛn kɛc nésɛ …?]
Ce n'est pas grave.	**Është në rregull.** [éʃtə nə réguɬ]
Ça va.	**Është në rregull.** [éʃtə nə réguɬ]
Ne vous inquiétez pas.	**Mos u shqetësoni.** [mos u ʃcɛtəsóni]

Les accords

Oui	**Po.** [po]
Oui, bien sûr.	**Po, sigurisht.** [po], [siguríʃt]
Bien.	**Në rregull.** [nə réguɫ]
Très bien.	**Shumë mirë.** [ʃúmə mírə]
Bien sûr!	**Sigurisht!** [siguríʃt!]
Je suis d'accord.	**Jam dakord.** [jam dakórd]

C'est correct.	**E saktë.** [ε sáktə]
C'est exact.	**E drejtë.** [ε dréjtə]
Vous avez raison.	**Keni të drejtë.** [kéni tə dréjtə]
Je ne suis pas contre.	**S'e kam problem.** [s'ε kam problém]
Tout à fait correct.	**Absolutisht e drejtë.** [absolutíʃt ε dréjtə]

C'est possible.	**Është e mundur.** [əʃtə ε múndur]
C'est une bonne idée.	**Ide e mirë.** [idé ε mírə]
Je ne peux pas dire non.	**Nuk them dot jo.** [nuk θεm dot jo]
J'en serai ravi /ravie/	**Është kënaqësi.** [əʃtə kənacəsí]
Avec plaisir.	**Me kënaqësi.** [mε kənacəsí]

Refus, exprimer le doute

Non	**Jo.** [jo]
Absolument pas.	**Sigurisht që jo.** [siguríʃt cə jo]
Je ne suis pas d'accord.	**Nuk jam dakord.** [nuk jam dakórd]
Je ne le crois pas.	**Nuk ma ha mendja.** [nuk ma ha méndja]
Ce n'est pas vrai.	**Nuk është e vërtetë.** [nuk éʃtə ɛ vərtétə]
Vous avez tort.	**E keni gabim.** [ɛ kéni gabím]
Je pense que vous avez tort.	**Më duket se e keni gabim.** [mə dúkɛt sɛ ɛ kéni gabím]
Je ne suis pas sûr /sûre/	**Nuk jam i sigurt.** [nuk jam i sígurt]
C'est impossible.	**Është e pamundur.** [éʃtə ɛ pámundur]
Pas du tout!	**Asgjë e këtij lloji!** [asɟə ɛ kətíj ʎóji!]
Au contraire!	**Krejt e kundërta.** [kréjt ɛ kúndərta]
Je suis contre.	**Jam kundër.** [jam kúndər]
Ça m'est égal.	**Nuk më intereson.** [nuk mə intɛrɛsón]
Je n'ai aucune idée.	**Nuk e kam idenë.** [nuk ɛ kam idénə]
Je doute que cela soit ainsi.	**Dyshoj.** [dyʃój]
Désolé /Désolée/, je ne peux pas.	**Më falni, nuk mundem.** [mə fálni], [nuk múndɛm]
Désolé /Désolée/, je ne veux pas.	**Më vjen keq, nuk dua.** [mə vjɛn kɛc], [nuk dúa]
Merci, mais ça ne m'intéresse pas.	**Faleminderit, por s'kam nevojë për këtë.** [falɛmindérit], [por s'kam nɛvójə pər kətə́]

Il se fait tard.

Po shkon vonë.
[po ʃkon vónə]

Je dois me lever tôt.

Duhet të ngrihem herët.
[dúhɛt tə ŋríhɛm hérət]

Je ne me sens pas bien.

Nuk ndihem mirë.
[nuk ndíhɛm mírə]

Exprimer la gratitude

Merci.	**Faleminderit.** [falɛmindérit]
Merci beaucoup.	**Faleminderit shumë.** [falɛmindérit ʃúmə]
Je l'apprécie beaucoup.	**E vlerësoj shumë.** [ɛ vlɛrəsój ʃúmə]
Je vous suis très reconnaissant.	**Ju jam shumë mirënjohës.** [ju jam ʃúmə mirəɲóhəs]
Nous vous sommes très reconnaissant.	**Ju jemi shumë mirënjohës.** [ju jémi ʃúmə mirəɲóhəs]

Merci pour votre temps.	**Faleminderit për kohën që më kushtuat.** [falɛmindérit pər kóhən cə mə kuʃtúat]
Merci pour tout.	**Faleminderit për gjithçka.** [falɛmindérit pər ɟíθtʃka]
Merci pour ...	**Faleminderit për ...** [falɛmindérit pər ...]
votre aide	**ndihmën tuaj** [ndíhmən túaj]
les bons moments passés	**kohën e këndshme** [kóhən ɛ kéndʃmɛ]

un repas merveilleux	**një vakt i mrekullueshëm** [ɲə vakt i mrɛkułúɛʃəm]
cette agréable soirée	**një mbrëmje e këndshme** [ɲə mbrémjɛ ɛ kéndʃmɛ]
cette merveilleuse journée	**një ditë e mrekullueshme** [ɲə dítə ɛ mrɛkułúɛʃmɛ]
une excursion extraordinaire	**një udhëtim i mahnitshëm** [ɲə uðətím i mahnítʃəm]

Il n'y a pas de quoi.	**Mos u shqetësoni fare.** [mos u ʃcɛtəsóni fárɛ]
Vous êtes les bienvenus.	**Ju lutem.** [ju lútɛm]
Mon plaisir.	**Në çdo kohë.** [nə tʃdo kóhə]
J'ai été heureux /heureuse/ de vous aider.	**Kënaqësia ime.** [kənacəsía ímɛ]

Ça va. N'y pensez plus.

Harroje.
[harójɛ]

Ne vous inquiétez pas.

Mos u shqetësoni.
[mos u ʃcɛtəsóni]

Félicitations. Vœux de fête

Félicitations!	**Urime!** [urímɛ!]
Joyeux anniversaire!	**Gëzuar ditëlindjen!** [gəzúar ditəlíndjɛn!]
Joyeux Noël!	**Gëzuar Krishtlindjet!** [gəzúar kriʃtlíndjɛt!]
Bonne Année!	**Gëzuar Vitin e Ri!** [gəzúar vítin ɛ ri!]
Joyeuses Pâques!	**Gëzuar Pashkët!** [gəzúar páʃkət!]
Joyeux Hanoukka!	**Gëzuar Hanukkah!** [gəzúar hanúkkah!]
Je voudrais proposer un toast.	**Dua të ngre një dolli.** [dúa tə ŋré ɲə doɫí]
Santé!	**Gëzuar!** [gəzúar!]
Buvons à …!	**Le të pijmë në shëndetin e …!** [lɛ tə píjmə nə ʃəndétin ɛ …!]
À notre succès!	**Për suksesin tonë!** [pər suksésin tónə!]
À votre succès!	**Për suksesin tuaj!** [pər suksésin túaj!]
Bonne chance!	**Suksese!** [suksésɛ!]
Bonne journée!	**Uroj një ditë të mbarë!** [urój ɲə dítə tə mbárə!]
Passez de bonnes vacances !	**Uroj pushime të këndshme!** [urój puʃímɛ tə kéndʃmɛ!]
Bon voyage!	**Udhëtim të mbarë!** [uðətím tə mbárə!]
Rétablissez-vous vite.	**Ju dëshiroj shërim të shpejtë!** [ju dəʃirój ʃərím tə ʃpéjtə!]

Socialiser

Pourquoi êtes-vous si triste?
Pse jeni i /e/ mërzitur?
[psɛ jéni i /ɛ/ mərzítur?]

Souriez!
Buzëqeshni! Gëzohuni!
[buzəcéʃni! gəzóhuni!]

Êtes-vous libre ce soir?
Je i /e/ lirë sonte?
[jɛ i /ɛ/ lírə sóntɛ?]

Puis-je vous offrir un verre?
Mund t'ju ofroj një pije?
[mund t'ju ofrój ɲə píjɛ?]

Voulez-vous danser?
Doni të kërcejmë?
[dóni tə kərtséjmə?]

Et si on va au cinéma?
Shkojmë në kinema.
[ʃkójmə nə kinɛmá]

Puis-je vous inviter ...
Mund t'ju ftoj ...?
[mund t'ju ftoj ...?]

au restaurant
në restorant
[nə rɛstoránt]

au cinéma
në kinema
[nə kinɛmá]

au théâtre
në teatër
[nə tɛátər]

pour une promenade
për një shëtitje
[pər ɲə ʃətítjɛ]

À quelle heure?
Në çfarë ore?
[nə tʃfárə órɛ?]

ce soir
sonte
[sóntɛ]

à six heures
në gjashtë
[nə ɟáʃtə]

à sept heures
në shtatë
[nə ʃtátə]

à huit heures
në tetë
[nə tétə]

à neuf heures
në nëntë
[nə nə́ntə]

Est-ce que vous aimez cet endroit?
Ju pëlqen këtu?
[ju pəlcén kətú?]

Êtes-vous ici avec quelqu'un?
Keni ardhur të shoqëruar?
[kéni árður tə ʃocərúar?]

Je suis avec mon ami.
Jam me një shok /shoqe/.
[jam mɛ ɲə ʃok /ʃócɛ/]

| Je suis avec mes amis. | **Jam me shoqëri.**
[jam mɛ ʃocərí] |
| Non, je suis seul /seule/ | **Jo, jam vetëm.**
[jo], [jam vétəm] |

As-tu un copain?	**Ke të dashur?** [kɛ tə dáʃur?]
J'ai un copain.	**Kam të dashur.** [kam tə dáʃur]
As-tu une copine?	**Ke të dashur?** [kɛ tə dáʃur?]
J'ai une copine.	**Kam të dashur.** [kam tə dáʃur]

Est-ce que je peux te revoir?	**Mund të takohemi përsëri?** [mund tə takóhɛmi pərsərí?]
Est-ce que je peux t'appeler?	**Mund të të telefonoj?** [mund tə tə tɛlɛfonój?]
Appelle-moi.	**Më telefono.** [mə tɛlɛfonó]
Quel est ton numéro?	**Cili është numri yt?** [tsíli éʃtə númri yt?]
Tu me manques.	**Më mungon.** [mə muŋón]

Vous avez un très beau nom.	**Keni emër të bukur.** [kéni émər tə búkur]
Je t'aime.	**Të dua.** [tə dúa]
Veux-tu te marier avec moi?	**Do martohesh me mua?** [do martóhɛʃ mɛ múa?]
Vous plaisantez!	**Bëni shaka!** [béni ʃaká!]
Je plaisante.	**Bëj shaka.** [bəj ʃaká]

Êtes-vous sérieux /sérieuse/?	**E keni seriozisht?** [ɛ kéni sɛriozíʃt?]
Je suis sérieux /sérieuse/	**E kam seriozisht.** [ɛ kam sɛriozíʃt]
Vraiment?!	**Vërtet?!** [vərtét?!]
C'est incroyable!	**E pabesueshme!** [ɛ pabɛsúɛʃmɛ!]
Je ne vous crois pas.	**S'ju besoj.** [s'ju bɛsój]
Je ne peux pas.	**S'mundem.** [s'múndɛm]
Je ne sais pas.	**Nuk e di.** [nuk ɛ di]
Je ne vous comprends pas	**Nuk ju kuptoj.** [nuk ju kuptój]

58

Laissez-moi! Allez-vous-en!

Ju lutem largohuni.
[ju lútɛm largóhuni]

Laissez-moi tranquille!

Më lini të qetë!
[mə líni tə cétə!]

Je ne le supporte pas.

Se duroj dot.
[sɛ durój dot]

Vous êtes dégoûtant!

Jeni të neveritshëm!
[jéni tə nɛvɛrítʃəm!]

Je vais appeler la police!

Do thërras policinë!
[do θərás politsínə!]

Partager des impressions. Émotions

J'aime ça.   **Më pëlqen.**
                                     [mə pəlcén]

C'est gentil.   **Shumë bukur**
                                     [ʃúmə búkur]

C'est super!   **Fantastike!**
                                     [fantastíkɛ!]

C'est assez bien.   **Nuk është keq.**
                                     [nuk éʃtə kɛc]

Je n'aime pas ça.   **Nuk më pëlqen.**
                                     [nuk mə pəlcén]

Ce n'est pas bien.   **Nuk është mirë.**
                                     [nuk éʃtə mírə]

C'est mauvais.   **Është keq.**
                                     [éʃtə kɛc]

Ce n'est pas bien du tout.   **Është shumë keq.**
                                     [éʃtə ʃúmə kɛc]

C'est dégoûtant.   **Është e shpifur.**
                                     [éʃtə ɛ ʃpífur]

Je suis content /contente/   **Jam i /e/ lumtur.**
                                     [jam i /ɛ/ lúmtur]

Je suis heureux /heureuse/   **Jam i /e/ kënaqur.**
                                     [jam i /ɛ/ kənácur]

Je suis amoureux /amoureuse/   **Jam i /e/ dashuruar.**
                                     [jam i /ɛ/ daʃurúar]

Je suis calme.   **Jam i /e/ qetë.**
                                     [jam i /ɛ/ cétə]

Je m'ennuie.   **Jam i /e/ mërzitur.**
                                     [jam i /ɛ/ mərzítur]

Je suis fatigué /fatiguée/   **Jam i /e/ lodhur.**
                                     [jam i /ɛ/ lóður]

Je suis triste.   **Jam i /e/ trishtuar.**
                                     [jam i /ɛ/ triʃtúar]

J'ai peur.   **Jam i /e/ frikësuar.**
                                     [jam i /ɛ/ frikəsúar]

Je suis fâché /fâchée/   **Jam i /e/ zemëruar.**
                                     [jam i /ɛ/ zɛmərúar]

Je suis inquiet /inquiète/   **Jam i /e/ shqetësuar.**
                                     [jam i /ɛ/ ʃcɛtəsúar]

Je suis nerveux /nerveuse/   **Jam nervoz /nervoze/.**
                                     [jam nɛrvóz /nɛrvózɛ/]

Je suis jaloux /jalouse/

Jam xheloz /xheloze/.
[jam dʒelóz /dʒelózɛ/]

Je suis surpris /surprise/

Jam i /e/ befasuar.
[jam i /ɛ/ befasúar]

Je suis gêné /gênée/

Jam i /e/ hutuar.
[jam i /ɛ/ hutúar]

Problèmes. Accidents

J'ai un problème.	**Kam një problem.** [kam ɲə problém]
Nous avons un problème.	**Kemi një problem.** [kémi ɲə problém]
Je suis perdu /perdue/	**Kam humbur.** [kam húmbur]
J'ai manqué le dernier bus (train).	**Humba autobusin e fundit.** [húmba autobúsin ɛ fúndit]
Je n'ai plus d'argent.	**Kam mbetur pa para.** [kam mbétur pa pará]

J'ai perdu mon ...	**Humba ...** [húmba ...]
On m'a volé mon ...	**Dikush më vodhi ...** [dikúʃ mə vóði ...]
passeport	**pasaportën** [pasapórtən]
portefeuille	**portofol** [portofól]
papiers	**dokumentet** [dokuméntɛt]
billet	**biletën** [bilétən]

argent	**para** [pará]
sac à main	**çantën** [tʃántən]
appareil photo	**aparatin fotografik** [aparátin fotografík]
portable	**laptop** [laptóp]
ma tablette	**kompjuterin tabletë** [kompjutérin tablétə]
mobile	**celularin** [tsɛlulárin]

Au secours!	**Ndihmë!** [ndíhmə!]
Qu'est-il arrivé?	**Çfarë ndodhi?** [tʃfárə ndóði?]
un incendie	**zjarr** [zjar]

des coups de feu	**të shtëna** [tə ʃténa]
un meurtre	**vrasje** [vrásjɛ]
une explosion	**shpërthim** [ʃpərθím]
une bagarre	**përleshje** [pərléʃjɛ]

Appelez la police!	**Thërrisni policinë!** [θərísni politsínə!]
Dépêchez-vous, s'il vous plaît!	**Ju lutem nxitoni!** [ju lútɛm ndzitóni!]
Je cherche le commissariat de police.	**Kërkoj komisariatin e policisë.** [kərkój komisariátin ɛ politsísə]
Il me faut faire un appel.	**Duhet të bëj një telefonatë.** [dúhɛt tə bəj ɲə tɛlɛfonátə]
Puis-je utiliser votre téléphone?	**Mund të përdor telefonin tuaj?** [mund tə pərdór tɛlɛfónin túaj?]

J'ai été ...	**Më ...** [mə ...]
agressé /agressée/	**sulmuan** [sulmúan]
volé /volée/	**grabitën** [grabítən]
violée	**përdhunuan** [pərðunúan]
attaqué /attaquée/	**rrahën** [ráhən]

Est-ce que ça va?	**Jeni mirë?** [jéni mírə?]
Avez-vous vu qui c'était?	**E patë kush ishte?** [ɛ pátə kuʃ íʃtɛ?]
Pourriez-vous reconnaître cette personne?	**Mund ta identifikoni personin?** [mund ta idɛntifikóni pɛrsónin?]
Vous êtes sûr?	**Jeni i /e/ sigurt?** [jéni i /ɛ/ sígurt?]

Calmez-vous, s'il vous plaît.	**Ju lutem qetësohuni.** [ju lútɛm cɛtəsóhuni]
Calmez-vous!	**Merreni me qetësi!** [mérɛni mɛ cɛtəsí!]
Ne vous inquiétez pas.	**Mos u shqetësoni!** [mos u ʃcɛtəsóni!]
Tout ira bien.	**Çdo gjë do rregullohet.** [tʃdo ɟə do rɛguɫóhɛt]
Ça va. Tout va bien.	**Çdo gjë është në rregull.** [tʃdo ɟə éʃtə nə réguɫ]

Venez ici, s'il vous plaît.	**ejani këtu, ju lutem.** [éjani kətú], [ju lútɛm]
J'ai des questions à vous poser.	**Kam disa pyetje për ju.** [kam dísa pýɛtjɛ pər ju]
Attendez un moment, s'il vous plaît.	**Prisni pak, ju lutem.** [prísni pak], [ju lútɛm]
Avez-vous une carte d'identité?	**A keni ndonjë dokument identifikimi?** [a kéni ndóɲə dokumént idɛntifikími?]
Merci. Vous pouvez partir maintenant.	**Faleminderit. Mund të largoheni.** [falɛmindérit. mund tə largóhɛni.]
Les mains derrière la tête!	**Duart prapa kokës!** [dúart prápa kókəs!]
Vous êtes arrêté!	**Jeni i /e/ arrestuar!** [jéni i /ɛ/ arɛstúar!]

Problèmes de santé

Aidez-moi, s'il vous plaît.	**Ju lutem më ndihmoni.** [ju lútɛm mə ndihmóni]
Je ne me sens pas bien.	**Nuk ndihem mirë.** [nuk ndíhɛm mírə]
Mon mari ne se sent pas bien.	**Burri im nuk ndjehet mirë.** [búri im nuk ndjéhɛt mírə]
Mon fils ...	**Djali im ...** [djáli im ...]
Mon père ...	**Babai im ...** [babái im ...]

Ma femme ne se sent pas bien.	**Gruaja ime nuk ndihet mirë.** [grúaja ímɛ nuk ndíhɛt mírə]
Ma fille ...	**Vajza ime ...** [vájza ímɛ ...]
Ma mère ...	**Nëna ime ...** [nə́na ímɛ ...]

J'ai mal ...	**Kam ...** [kam ...]
à la tête	**dhimbje koke** [ðímbjɛ kókɛ]
à la gorge	**dhimbje fyti** [ðímbjɛ fýti]
à l'estomac	**dhimbje stomaku** [ðímbjɛ stomáku]
aux dents	**dhimbje dhëmbi** [ðímbjɛ ðə́mbi]

J'ai le vertige.	**Ndjehem i /e/ trullosur.** [ndjéhɛm i /ɛ/ truɫósur]
Il a de la fièvre.	**Ka ethe.** [ka éθɛ]
Elle a de la fièvre.	**Ajo ka ethe.** [ajó ka éθɛ]
Je ne peux pas respirer.	**Nuk marr dot frymë.** [nuk mar dot frýmə]

J'ai du mal à respirer.	**Mbeta pa frymë.** [mbéta pa frýmə]
Je suis asthmatique.	**unë jam astmatik.** [únə jam astmatík]
Je suis diabétique.	**Jam me diabet.** [jam mɛ diabét]

Je ne peux pas dormir.	**Nuk fle dot.** [nuk flɛ dot]
intoxication alimentaire	**helmim nga ushqimi** [hɛlmím ŋa uʃcími]

Ça fait mal ici.	**Më dhemb këtu.** [mə ðɛmb kətú]
Aidez-moi!	**Ndihmë!** [ndíhmə!]
Je suis ici!	**Jam këtu!** [jam kətú!]
Nous sommes ici!	**Jemi këtu!** [jémi kətú!]
Sortez-moi d'ici!	**Më nxirrni nga këtu!** [mə ndzírni ŋa kətú!]
J'ai besoin d'un docteur.	**Kam nevojë për doktor.** [kam nɛvójə pər doktór]
Je ne peux pas bouger!	**Nuk lëviz dot.** [nuk ləvíz dot]
Je ne peux pas bouger mes jambes.	**Nuk lëviz dot këmbët.** [nuk ləvíz dot kémbət]

Je suis blessé /blessée/	**Jam plagosur.** [jam plagósur]
Est-ce que c'est sérieux?	**A është serioze?** [a ə́ʃtə sɛriózɛ?]
Mes papiers sont dans ma poche.	**Dokumentet e mia janë në xhep.** [dokuméntɛt ɛ mía jánə nə dʒép]
Calmez-vous!	**Qetësohuni!** [cɛtəsóhuni!]
Puis-je utiliser votre téléphone?	**Mund të përdor telefonin tuaj?** [mund tə pərdór tɛlɛfónin túaj?]

Appelez une ambulance!	**Thërrisni një ambulancë!** [θərísni ɲə ambulántsə!]
C'est urgent!	**Është urgjente!** [ə́ʃtə uɲéntɛ!]
C'est une urgence!	**Është rast urgjent!** [ə́ʃtə rast uɲént!]
Dépêchez-vous, s'il vous plaît!	**Ju lutem nxitoni!** [ju lútɛm ndzitóni!]
Appelez le docteur, s'il vous plaît.	**Mund të thërrisni një doktor, ju lutem.** [mund tə θərísni ɲə doktór], [ju lútɛm?]
Où est l'hôpital?	**Ku është spitali?** [ku ə́ʃtə spitáli?]

Comment vous sentez-vous?	**Si ndiheni?** [si ndíhɛni?]
Est-ce que ça va?	**Jeni mirë?** [jéni mírə?]
Qu'est-il arrivé?	**Çfarë ndodhi?** [tʃfárə ndóði?]

Je me sens mieux maintenant.   **Ndihem më mirë tani.**
                                 [ndíhɛm mə mírə taní]

Ça va. Tout va bien.   **Është në rregull.**
                                 [ə́ʃtə nə réguɫ]

Ça va.   **Është në rregull.**
                                 [ə́ʃtə nə réguɫ]

À la pharmacie

pharmacie
farmaci
[farmatsí]

pharmacie 24 heures
farmaci 24 orë
[farmatsí ɲəzét ε kátər orə]

Où se trouve la pharmacie
la plus proche?
Ku është farmacia më e afërt?
[ku éʃtə farmatsía mə ε áfərt?]

Est-elle ouverte en ce moment?
Është e hapur tani?
[éʃtə ε hápur taní?]

À quelle heure ouvre-t-elle?
Në çfarë ore hapet?
[nə tʃfárə órε hápεt?]

à quelle heure ferme-t-elle?
Në çfarë ore mbyllet?
[nə tʃfárə órε mbýɫεt?]

C'est loin?
Është larg?
[éʃtə larg?]

Est-ce que je peux y aller à pied?
Mund të shkoj me këmbë deri atje?
[mund tə ʃkoj mε kémbə déri atjé?]

Pouvez-vous me le montrer
sur la carte?
Mund të më tregoni në hartë?
[mund tə mə trεgóni nə hártə?]

Pouvez-vous me donner quelque
chose contre …
Ju lutem më jepni diçka për …
[ju lútεm mə jépni ditʃká pər …]

le mal de tête
dhimbje koke
[ðímbjε kókε]

la toux
kollë
[kóɫə]

le rhume
ftohje
[ftóhjε]

la grippe
grip
[grip]

la fièvre
ethe
[éθε]

un mal d'estomac
dhimbje stomaku
[ðímbjε stomáku]

la nausée
të përziera
[tə pərzíεra]

la diarrhée
diarre
[diaré]

la constipation
kapsllëk
[kapsɫək]

un mal de dos
dhimbje në shpinë
[ðímbjε nə ʃpínə]

les douleurs de poitrine	**dhimbje në kraharor** [ðímbjɛ nə kraharór]
les points de côté	**dhimbje në brinjë** [ðímbjɛ nə bríɲə]
les douleurs abdominales	**dhimbje barku** [ðímbjɛ bárku]

une pilule	**pilulë** [pilúlə]
un onguent, une crème	**vaj, krem** [vaj], [krɛm]
un sirop	**shurup** [ʃurúp]
un spray	**sprej** [sprɛj]
les gouttes	**pika** [píka]

Vous devez allez à l'hôpital.	**Duhet të shkoni në spital.** [dúhɛt tə ʃkóni nə spitál]
assurance maladie	**sigurim shëndetësor** [sigurím ʃəndɛtəsór]
prescription	**recetë** [rɛtsétə]
produit anti-insecte	**mbrojtës nga insektet** [mbrójtəs ŋa inséktɛt]
bandages adhésifs	**leukoplast** [lɛukoplást]

Les essentiels

Excusez-moi, ...	**Më falni, ...** [mə fálni, ...]
Bonjour	**Përshëndetje.** [pərʃəndétjɛ]
Merci	**Faleminderit.** [falɛmindérit]
Au revoir	**Mirupafshim.** [mirupáfʃim]
Oui	**Po.** [po]
Non	**Jo.** [jo]
Je ne sais pas.	**Nuk e di.** [nuk ɛ di]
Où? (~ es-tu?) | Où? (~ vas-tu?) | Quand?	**Ku? | Për ku? | Kur?** [ku? | pər ku? | kur?]
J'ai besoin de ...	**Më nevojitet ...** [mə nɛvojítɛt ...]
Je veux ...	**Dua ...** [dúa ...]
Avez-vous ... ?	**Keni ...?** [kéni ...?]
Est-ce qu'il y a ... ici?	**A ka ... këtu?** [a ka ... kətú?]
Puis-je ... ?	**Mund të ...?** [mund tə ...?]
s'il vous plaît (pour une demande)	**..., ju lutem** [...], [ju lútɛm]
Je cherche ...	**Kërkoj ...** [kərkój ...]
les toilettes	**tualet** [tualét]
un distributeur	**bankomat** [bankomát]
une pharmacie	**farmaci** [farmatsí]
l'hôpital	**spital** [spitál]
le commissariat de police	**komisariat policie** [komisariát politsíɛ]
une station de métro	**metro** [mɛtró]

un taxi	**taksi** [táksi]
la gare	**stacion treni** [statsión trɛni]

Je m'appelle …	**Më quajnë …** [mə cúajnə …]
Comment vous appelez-vous?	**Si quheni?** [si cúhɛni?]
Aidez-moi, s'il vous plaît.	**Ju lutem, mund të ndihmoni?** [ju lútɛm], [mund tə ndihmóni?]
J'ai un problème.	**Kam një problem.** [kam ɲə problém]
Je ne me sens pas bien.	**Nuk ndihem mirë.** [nuk ndíhɛm mírə]
Appelez une ambulance!	**Thërrisni një ambulancë!** [θərrísni ɲə ambulántsə!]
Puis-je faire un appel?	**Mund të bëj një telefonatë?** [mund tə bəj ɲə tɛlɛfonátə?]

Excusez-moi.	**Më vjen keq.** [mə vjɛn kɛc]
Je vous en prie.	**Ju lutem.** [ju lútɛm]

je, moi	**unë, mua** [únə], [múa]
tu, toi	**ti** [ti]
il	**ai** [ai]
elle	**ajo** [ajó]
ils	**ata** [atá]
elles	**ato** [ató]
nous	**ne** [nɛ]
vous	**ju** [ju]
Vous	**ju** [ju]

ENTRÉE	**HYRJE** [hýrjɛ]
SORTIE	**DALJE** [dáljɛ]
HORS SERVICE	EN PANNE	**NUK FUNKSIONON** [nuk funksionón]
FERMÉ	**MBYLLUR** [mbýɫuɾ]

OUVERT	**HAPUR** [hápur]
POUR LES FEMMES	**PËR FEMRA** [pər fémra]
POUR LES HOMMES	**PËR MESHKUJ** [pər méʃkuj]

DICTIONNAIRE CONCIS

Cette section contient plus
de 1500 mots les plus utilisés.
Le dictionnaire inclut beaucoup
de termes gastronomiques
et peut être utile lorsque
vous faites le marché
ou commandez des plats
au restaurant

T&P Books Publishing

CONTENU DU DICTIONNAIRE

T&P Books Publishing

1. Le temps. Le calendrier

temps (m)	**kohë** (f)	[kóhə]
heure (f)	**orë** (f)	[órə]
demi-heure (f)	**gjysmë ore** (f)	[ɟýsmə órɛ]
minute (f)	**minutë** (f)	[minútə]
seconde (f)	**sekondë** (f)	[sɛkóndə]
aujourd'hui (adv)	**sot**	[sot]
demain (adv)	**nesër**	[nésər]
hier (adv)	**dje**	[djé]
lundi (m)	**E hënë** (f)	[ɛ hə́nə]
mardi (m)	**E martë** (f)	[ɛ mártə]
mercredi (m)	**E mërkurë** (f)	[ɛ mərkúrə]
jeudi (m)	**E enjte** (f)	[ɛ éɲtɛ]
vendredi (m)	**E premte** (f)	[ɛ prémtɛ]
samedi (m)	**E shtunë** (f)	[ɛ ʃtúnə]
dimanche (m)	**E dielë** (f)	[ɛ díɛlə]
jour (m)	**ditë** (f)	[dítə]
jour (m) ouvrable	**ditë pune** (f)	[dítə púnɛ]
jour (m) férié	**festë kombëtare** (f)	[féstə kombətárɛ]
week-end (m)	**fundjavë** (f)	[fundjávə]
semaine (f)	**javë** (f)	[jávə]
la semaine dernière	**javën e kaluar**	[jávən ɛ kalúar]
la semaine prochaine	**javën e ardhshme**	[jávən ɛ árðʃmɛ]
lever (m) du soleil	**agim** (m)	[agím]
coucher (m) du soleil	**perëndim dielli** (m)	[pɛrəndím diéłi]
le matin	**në mëngjes**	[nə mənɟés]
dans l'après-midi	**pasdite**	[pasdítɛ]
le soir	**në mbrëmje**	[nə mbrémjɛ]
ce soir	**sonte në mbrëmje**	[sóntɛ nə mbrəmjɛ]
la nuit	**natën**	[nátən]
minuit (f)	**mesnatë** (f)	[mɛsnátə]
janvier (m)	**Janar** (m)	[janár]
février (m)	**Shkurt** (m)	[ʃkurt]
mars (m)	**Mars** (m)	[mars]
avril (m)	**Prill** (m)	[priɫ]
mai (m)	**Maj** (m)	[maj]
juin (m)	**Qershor** (m)	[cɛrʃór]
juillet (m)	**Korrik** (m)	[korík]
août (m)	**Gusht** (m)	[guʃt]

septembre (m)	Shtator (m)	[ʃtatór]
octobre (m)	Tetor (m)	[tɛtór]
novembre (m)	Nëntor (m)	[nəntór]
décembre (m)	Dhjetor (m)	[ðjɛtór]

au printemps	në pranverë	[nə pranvérə]
en été	në verë	[nə vérə]
en automne	në vjeshtë	[nə vjéʃtə]
en hiver	në dimër	[nə dímər]

mois (m)	muaj (m)	[múaj]
saison (f)	stinë (f)	[stínə]
année (f)	vit (m)	[vit]
siècle (m)	shekull (m)	[ʃékuɫ]

2. Nombres. Adjectifs numéraux

chiffre (m)	shifër (f)	[ʃífər]
nombre (m)	numër (m)	[númər]
moins (m)	minus (m)	[minús]
plus (m)	plus (m)	[plus]
somme (f)	shuma (f)	[ʃúma]

premier (adj)	i pari	[i pári]
deuxième (adj)	i dyti	[i dýti]
troisième (adj)	i treti	[i tréti]

zéro	zero	[zéro]
un	një	[nə]
deux	dy	[dy]
trois	tre	[trɛ]
quatre	katër	[kátər]

cinq	pesë	[pésə]
six	gjashtë	[ɟáʃtə]
sept	shtatë	[ʃtátə]
huit	tetë	[tétə]
neuf	nëntë	[nəntə]
dix	dhjetë	[ðjétə]

onze	njëmbëdhjetë	[nəmbəðjétə]
douze	dymbëdhjetë	[dymbəðjétə]
treize	trembëdhjetë	[trɛmbəðjétə]
quatorze	katërmbëdhjetë	[katərmbəðjétə]
quinze	pesëmbëdhjetë	[pɛsəmbəðjétə]

seize	gjashtëmbëdhjetë	[ɟaʃtəmbəðjétə]
dix-sept	shtatëmbëdhjetë	[ʃtatəmbəðjétə]
dix-huit	tetëmbëdhjetë	[tɛtəmbəðjétə]
dix-neuf	nëntëmbëdhjetë	[nəntəmbəðjétə]

vingt	njëzet	[nəzét]
trente	tridhjetë	[triðjétə]
quarante	dyzet	[dyzét]
cinquante	pesëdhjetë	[pɛsəðjétə]
soixante	gjashtëdhjetë	[ɟaʃtəðjétə]
soixante-dix	shtatëdhjetë	[ʃtatəðjétə]
quatre-vingts	tetëdhjetë	[tɛtəðjétə]
quatre-vingt-dix	nëntëdhjetë	[nəntəðjétə]
cent	njëqind	[ɲəcínd]
deux cents	dyqind	[dycínd]
trois cents	treqind	[trɛcínd]
quatre cents	katërqind	[katərcínd]
cinq cents	pesëqind	[pɛsəcínd]
six cents	gjashtëqind	[ɟaʃtəcínd]
sept cents	shtatëqind	[ʃtatəcínd]
huit cents	tetëqind	[tɛtəcínd]
neuf cents	nëntëqind	[nəntəcínd]
mille	një mijë	[ɲə míjə]
dix mille	dhjetë mijë	[ðjétə míjə]
cent mille	njëqind mijë	[ɲəcínd míjə]
million (m)	milion (m)	[milión]
milliard (m)	miliardë (f)	[miliárdə]

3. L'être humain. La famille

homme (m)	burrë (m)	[búrə]
jeune homme (m)	djalë i ri (m)	[djálə i rí]
adolescent (m)	adoleshent (m)	[adolɛʃént]
femme (f)	grua (f)	[grúa]
jeune fille (f)	vajzë (f)	[vájzə]
âge (m)	moshë (f)	[móʃə]
adulte (m)	i rritur	[i rítur]
d'âge moyen (adj)	mesoburrë	[mɛsobúrə]
âgé (adj)	i moshuar	[i moʃúar]
vieux (adj)	i vjetër	[i vjétər]
vieillard (m)	plak (m)	[plak]
vieille femme (f)	plakë (f)	[plákə]
retraite (f)	pension (m)	[pɛnsión]
prendre sa retraite	dal në pension	[dál nə pɛnsión]
retraité (m)	pensionist (m)	[pɛnsioníst]
mère (f)	nënë (f)	[nénə]
père (m)	baba (f)	[babá]
fils (m)	bir (m)	[bir]
fille (f)	bijë (f)	[bíjə]

frère (m)	vëlla (m)	[vəłá]
frère (m) aîné	vëllai i madh (m)	[vəłái i mað]
frère (m) cadet	vëllai i vogël (m)	[vəłai i vógəl]
sœur (f)	motër (f)	[mótər]
sœur (f) aînée	motra e madhe (f)	[mótra ɛ máðɛ]
sœur (f) cadette	motra e vogël (f)	[mótra ɛ vógəl]

parents (m pl)	prindër (pl)	[príndər]
enfant (m, f)	fëmijë (f)	[fəmíjə]
enfants (pl)	fëmijë (pl)	[fəmíjə]
belle-mère (f)	njerkë (f)	[ɲérkə]
beau-père (m)	njerk (m)	[ɲérk]

grand-mère (f)	gjyshe (f)	[ɟýʃɛ]
grand-père (m)	gjysh (m)	[ɟyʃ]
petit-fils (m)	nip (m)	[nip]
petite-fille (f)	mbesë (f)	[mbésə]
petits-enfants (pl)	nipër e mbesa (pl)	[nípər ɛ mbésa]

oncle (m)	dajë (f)	[dájə]
tante (f)	teze (f)	[tézɛ]
neveu (m)	nip (m)	[nip]
nièce (f)	mbesë (f)	[mbésə]

femme (f)	bashkëshorte (f)	[baʃkəʃórtɛ]
mari (m)	bashkëshort (m)	[baʃkəʃórt]
marié (adj)	i martuar	[i martúar]
mariée (adj)	e martuar	[ɛ martúar]
veuve (f)	vejushë (f)	[vɛjúʃə]
veuf (m)	vejan (m)	[vɛján]

| prénom (m) | emër (m) | [émər] |
| nom (m) de famille | mbiemër (m) | [mbiémər] |

parent (m)	kushëri (m)	[kuʃərí]
ami (m)	mik (m)	[mik]
amitié (f)	miqësi (f)	[micəsí]

partenaire (m)	partner (m)	[partnér]
supérieur (m)	epror (m)	[ɛprór]
collègue (m, f)	koleg (m)	[kolég]
voisins (m pl)	komshinj (pl)	[komʃíɲ]

4. Le corps humain. L'anatomie

organisme (m)	organizëm (m)	[organízəm]
corps (m)	trup (m)	[trup]
cœur (m)	zemër (f)	[zémər]
sang (m)	gjak (m)	[ɟak]
cerveau (m)	tru (m)	[tru]

nerf (m)	nerv (m)	[nɛrv]
os (m)	kockë (f)	[kótskə]
squelette (f)	skelet (m)	[skɛlét]
colonne (f) vertébrale	shtyllë kurrizore (f)	[ʃtýłə kurizórɛ]
côte (f)	brinjë (f)	[bríɲə]
crâne (m)	kafkë (f)	[káfkə]
muscle (m)	muskul (m)	[múskul]
poumons (m pl)	mushkëri (m)	[muʃkərí]
peau (f)	lëkurë (f)	[ləkúrə]
tête (f)	kokë (f)	[kókə]
visage (m)	fytyrë (f)	[fytýrə]
nez (m)	hundë (f)	[húndə]
front (m)	ball (m)	[báł]
joue (f)	faqe (f)	[fácɛ]
bouche (f)	gojë (f)	[gójə]
langue (f)	gjuhë (f)	[ɟúhə]
dent (f)	dhëmb (m)	[ðəmb]
lèvres (f pl)	buzë (f)	[búzə]
menton (m)	mjekër (f)	[mjékər]
oreille (f)	vesh (m)	[vɛʃ]
cou (m)	qafë (f)	[cáfə]
gorge (f)	fyt (m)	[fyt]
œil (m)	sy (m)	[sy]
pupille (f)	bebëz (f)	[bébəz]
sourcil (m)	vetull (f)	[vétuł]
cil (m)	qerpik (m)	[cɛrpík]
cheveux (m pl)	flokë (pl)	[flókə]
coiffure (f)	model flokësh (m)	[modél flókəʃ]
moustache (f)	mustaqe (f)	[mustácɛ]
barbe (f)	mjekër (f)	[mjékər]
porter (~ la barbe)	lë mjekër	[lə mjékər]
chauve (adj)	qeros	[cɛrós]
main (f)	dorë (f)	[dórə]
bras (m)	krah (m)	[krah]
doigt (m)	gisht i dorës (m)	[gíʃt i dórəs]
ongle (m)	thua (f)	[θúa]
paume (f)	pëllëmbë dore (f)	[pəłə́mbə dórɛ]
épaule (f)	shpatull (f)	[ʃpátuł]
jambe (f)	këmbë (f)	[kə́mbə]
pied (m)	shputë (f)	[ʃpútə]
genou (m)	gju (m)	[ɟú]
talon (m)	thembër (f)	[θémbər]
dos (m)	kurriz (m)	[kuríz]
taille (f) (~ de guêpe)	beli (m)	[béli]

grain (m) de beauté	nishan (m)	[niʃán]
tache (f) de vin	shenjë lindjeje (f)	[ʃéɲə líndjɛjɛ]

5. Les maladies. Les médicaments

santé (f)	shëndet (m)	[ʃəndét]
en bonne santé	mirë	[mírə]
maladie (f)	sëmundje (f)	[səmúndjɛ]
être malade	jam sëmurë	[jam səmúrə]
malade (adj)	i sëmurë	[i səmúrə]

refroidissement (m)	ftohje (f)	[ftóhjɛ]
prendre froid	ftohem	[ftóhɛm]
angine (f)	grykët (m)	[grýkət]
pneumonie (f)	pneumoni (f)	[pnɛumoní]
grippe (f)	grip (m)	[grip]

rhume (m) (coryza)	rrifë (f)	[rífə]
toux (f)	kollë (f)	[kóɫə]
tousser (vi)	kollitem	[koɫítɛm]
éternuer (vi)	teshtij	[tɛʃtíj]

insulte (f)	goditje (f)	[godítjɛ]
crise (f) cardiaque	sulm në zemër (m)	[sulm nə zémər]
allergie (f)	alergji (f)	[alɛrɟí]
asthme (m)	astmë (f)	[ástmə]
diabète (m)	diabet (m)	[diabét]

tumeur (f)	tumor (m)	[tumór]
cancer (m)	kancer (m)	[kantsér]
alcoolisme (m)	alkoolizëm (m)	[alkoolízəm]
SIDA (m)	SIDA (f)	[sída]
fièvre (f)	ethe (f)	[éθɛ]
mal (m) de mer	sëmundje deti (f)	[səmúndjɛ déti]

bleu (m)	mavijosje (f)	[mavijósjɛ]
bosse (f)	gungë (f)	[gúɲə]
boiter (vi)	çaloj	[tʃalój]
foulure (f)	dislokim (m)	[dislokím]
se démettre (l'épaule, etc.)	del nga vendi	[dɛl ŋa véndi]

fracture (f)	thyerje (f)	[θýɛrjɛ]
brûlure (f)	djegie (f)	[djégiɛ]
blessure (f)	dëmtim (m)	[dəmtím]
douleur (f)	dhimbje (f)	[ðímbjɛ]
mal (m) de dents	dhimbje dhëmbi (f)	[ðímbjɛ ðémbi]

suer (vi)	djersij	[djɛrsíj]
sourd (adj)	shurdh	[ʃurð]
muet (adj)	memec	[mɛméts]

immunité (f)	imunitet (m)	[imunitét]
virus (m)	virus (m)	[virús]
microbe (m)	mikrob (m)	[mikrób]
bactérie (f)	bakterie (f)	[baktériɛ]
infection (f)	infeksion (m)	[infɛksión]

hôpital (m)	spital (m)	[spitál]
cure (f) (faire une ~)	kurë (f)	[kúrə]
vacciner (vt)	vaksinoj	[vaksinój]
être dans le coma	jam në komë	[jam nə kómə]
réanimation (f)	kujdes intensiv (m)	[kujdés intɛnsív]
symptôme (m)	simptomë (f)	[simptómə]
pouls (m)	puls (m)	[puls]

6. Les sensations. Les émotions. La communication

je	Unë, mua	[unə], [múa]
tu	ti, ty	[ti], [ty]
il	ai	[aɲ]
elle	ajo	[ajó]
ça	ai	[aɲ]

nous	ne	[nɛ]
vous	ju	[ju]
ils	ata	[atá]
elles	ato	[ató]

Bonjour! (fam.)	Përshëndetje!	[pərʃəndétjɛ!]
Bonjour! (form.)	Përshëndetje!	[pərʃəndétjɛ!]
Bonjour! (le matin)	Mirëmëngjes!	[mirəmənɟés!]
Bonjour! (après-midi)	Mirëdita!	[mirədíta!]
Bonsoir!	Mirëmbrëma!	[mirəmbréma!]

dire bonjour	përshëndes	[pərʃəndés]
saluer (vt)	përshëndes	[pərʃəndés]
Comment allez-vous?	Si jeni?	[si jéni?]
Comment ça va?	Si je?	[si jɛ?]
Au revoir! (form.)	Mirupafshim!	[mirupáfʃim!]
Au revoir! (fam.)	U pafshim!	[u páfʃim!]
Merci!	Faleminderit!	[falɛmindérit!]

sentiments (m pl)	ndjenja (pl)	[ndjéɲa]
avoir faim	kam uri	[kam urí]
avoir soif	kam etje	[kam étjɛ]
fatigué (adj)	i lodhur	[i lóður]

s'inquiéter (vp)	shqetësohem	[ʃcɛtəsóhɛm]
s'énerver (vp)	nervozohem	[nɛrvozóhɛm]
espoir (m)	shpresë (f)	[ʃprésə]
espérer (vi)	shpresoj	[ʃprɛsój]

caractère (m)	karakter (m)	[karaktér]
modeste (adj)	modest	[modést]
paresseux (adj)	dembel	[dɛmbél]
généreux (adj)	zemërgjerë	[zɛmərɟérə]
doué (adj)	i talentuar	[i talɛntúar]

honnête (adj)	i ndershëm	[i ndérʃəm]
sérieux (adj)	serioz	[sɛrióz]
timide (adj)	i turpshëm	[i túrpʃəm]
sincère (adj)	i sinqertë	[i sincértə]
peureux (m)	frikacak (m)	[frikatsák]

dormir (vi)	fle	[flɛ]
rêve (m)	ëndërr (m)	[éndər]
lit (m)	shtrat (m)	[ʃtrat]
oreiller (m)	jastëk (m)	[jasték]

insomnie (f)	pagjumësi (f)	[paɟuməsí]
aller se coucher	shkoj të fle	[ʃkoj tə flɛ]
cauchemar (m)	ankth (m)	[ankθ]
réveil (m)	orë me zile (f)	[órə mɛ zílɛ]

sourire (m)	buzëqeshje (f)	[buzəcéʃʃɛ]
sourire (vi)	buzëqesh	[buzəcéʃ]
rire (vi)	qesh	[cɛʃ]

dispute (f)	grindje (f)	[gríndjɛ]
insulte (f)	ofendim (m)	[ofɛndím]
offense (f)	fyerje (f)	[fýɛrɟɛ]
fâché (adj)	i zemëruar	[i zɛmərúar]

7. Les vêtements. Les accessoires personnels

vêtement (m)	rroba (f)	[róba]
manteau (m)	pallto (f)	[pálto]
manteau (m) de fourrure	gëzof (m)	[gəzóf]
veste (f) (~ en cuir)	xhaketë (f)	[dʒakétə]
imperméable (m)	pardesy (f)	[pardɛsý]
chemise (f)	këmishë (f)	[kəmíʃə]
pantalon (m)	pantallona (f)	[pantałóna]
veston (m)	xhaketë kostumi (f)	[dʒakétə kostúmi]
complet (m)	kostum (m)	[kostúm]

robe (f)	fustan (m)	[fustán]
jupe (f)	fund (m)	[fund]
tee-shirt (m)	bluzë (f)	[blúzə]
peignoir (m) de bain	peshqir trupi (m)	[pɛʃcír trúpi]
pyjama (m)	pizhame (f)	[piʒámɛ]
tenue (f) de travail	rroba pune (f)	[róba púnɛ]
sous-vêtements (m pl)	të brendshme (f)	[tə bréndʃmɛ]

chaussettes (f pl)	çorape (pl)	[tʃorápɛ]
soutien-gorge (m)	sytjena (f)	[sytjéna]
collants (m pl)	geta (f)	[géta]
bas (m pl)	çorape të holla (pl)	[tʃorápɛ tə hóła]
maillot (m) de bain	rrobë banje (f)	[róbə bájɲɛ]

chapeau (m)	kapelë (f)	[kapéłə]
chaussures (f pl)	këpucë (pl)	[kəpútsə]
bottes (f pl)	çizme (pl)	[tʃízmɛ]
talon (m)	takë (f)	[tákə]
lacet (m)	lidhëse këpucësh (f)	[líðəsɛ kəpútsəʃ]
cirage (m)	bojë këpucësh (f)	[bójə kəpútsəʃ]

coton (m)	pambuk (m)	[pambúk]
laine (f)	lesh (m)	[lɛʃ]
fourrure (f)	gëzof (m)	[gəzóf]

gants (m pl)	dorëza (pl)	[dórəza]
moufles (f pl)	doreza (f)	[doréza]
écharpe (f)	shall (m)	[ʃał]
lunettes (f pl)	syze (f)	[sýzɛ]
parapluie (m)	çadër (f)	[tʃádər]

cravate (f)	kravatë (f)	[kravátə]
mouchoir (m)	shami (f)	[ʃamí]
peigne (m)	krehër (m)	[kréhər]
brosse (f) à cheveux	furçë flokësh (f)	[fúrtʃə flókəʃ]
boucle (f)	tokëz (f)	[tókəz]
ceinture (f)	rrip (m)	[rip]
sac (m) à main	çantë (f)	[tʃántə]

col (m)	jakë (f)	[jákə]
poche (f)	xhep (m)	[dʒɛp]
manche (f)	mëngë (f)	[méŋə]
braguette (f)	zinxhir (m)	[zindʒír]

fermeture (f) à glissière	zinxhir (m)	[zindʒír]
bouton (m)	kopsë (f)	[kópsə]
se salir (vp)	bëhem pis	[béhɛm pis]
tache (f)	njollë (f)	[ɲółə]

8. La ville. Les établissements publics

magasin (m)	dyqan (m)	[dycán]
centre (m) commercial	qendër tregtare (f)	[céndər trɛgtárɛ]
supermarché (m)	supermarket (m)	[supɛrmarkét]
magasin (m) de chaussures	dyqan këpucësh (m)	[dycán kəpútsəʃ]
librairie (f)	librari (f)	[librarí]
pharmacie (f)	farmaci (f)	[farmatsí]
boulangerie (f)	furrë (f)	[fúrə]

pâtisserie (f)	pastiçeri (f)	[pastitʃɛrí]
épicerie (f)	dyqan ushqimor (m)	[dycán uʃcimór]
boucherie (f)	dyqan mishi (m)	[dycán míʃi]
magasin (m) de légumes	dyqan fruta-perimesh (m)	[dycán frúta-pɛrímɛʃ]
marché (m)	treg (m)	[trɛg]

salon (m) de coiffure	parukeri (f)	[parukɛrí]
poste (f)	zyrë postare (f)	[zýrə postárɛ]
pressing (m)	pastrim kimik (m)	[pastrím kimík]
cirque (m)	cirk (m)	[tsírk]
zoo (m)	kopsht zoologjik (m)	[kópʃt zooloɟík]
théâtre (m)	teatër (m)	[tɛátər]
cinéma (m)	kinema (f)	[kinɛmá]
musée (m)	muze (m)	[muzé]
bibliothèque (f)	bibliotekë (f)	[bibliotékə]

mosquée (f)	xhami (f)	[dʒamí]
synagogue (f)	sinagogë (f)	[sinagógə]
cathédrale (f)	katedrale (f)	[katɛdrálɛ]
temple (m)	tempull (m)	[témpuɫ]
église (f)	kishë (f)	[kíʃə]

institut (m)	kolegj (m)	[koléɟ]
université (f)	universitet (m)	[univɛrsitét]
école (f)	shkollë (f)	[ʃkóɫə]

hôtel (m)	hotel (m)	[hotél]
banque (f)	bankë (f)	[bánkə]
ambassade (f)	ambasadë (f)	[ambasádə]
agence (f) de voyages	agjenci udhëtimesh (f)	[aɟɛntsí uðətímɛʃ]

métro (m)	metro (f)	[mɛtró]
hôpital (m)	spital (m)	[spitál]
station-service (f)	pikë karburanti (f)	[píkə karburánti]
parking (m)	parking (m)	[parkíŋ]

ENTRÉE	HYRJE	[hýrjɛ]
SORTIE	DALJE	[dáljɛ]
POUSSER	SHTY	[ʃty]
TIRER	TËRHIQ	[tərhíc]

| OUVERT | HAPUR | [hápur] |
| FERMÉ | MBYLLUR | [mbýɫur] |

monument (m)	monument (m)	[monumént]
forteresse (f)	kala (f)	[kalá]
palais (m)	pallat (m)	[paɫát]

médiéval (adj)	mesjetare	[mɛsjɛtárɛ]
ancien (adj)	e lashtë	[ɛ láʃtə]
national (adj)	kombëtare	[kombətárɛ]
connu (adj)	i famshëm	[i fámʃəm]

9. L'argent. Les finances

argent (m)	**para** (f)	[pará]
monnaie (f)	**monedhë** (f)	[monéðə]
dollar (m)	**dollar** (m)	[doɫár]
euro (m)	**euro** (f)	[éuro]
distributeur (m)	**bankomat** (m)	[bankomát]
bureau (m) de change	**këmbim valutor** (m)	[kəmbím valutór]
cours (m) de change	**kurs këmbimi** (m)	[kurs kəmbími]
espèces (f pl)	**kesh** (m)	[kɛʃ]
Combien?	**Sa?**	[sa?]
payer (régler)	**paguaj**	[pagúaj]
paiement (m)	**pagesë** (f)	[pagésə]
monnaie (f) (rendre la ~)	**kusur** (m)	[kusúr]
prix (m)	**çmim** (m)	[tʃmím]
rabais (m)	**ulje** (f)	[úljɛ]
bon marché (adj)	**e lirë**	[ɛ lírə]
cher (adj)	**i shtrenjtë**	[i ʃtréɲtə]
banque (f)	**bankë** (f)	[bánkə]
compte (m)	**llogari** (f)	[ɫogarí]
carte (f) de crédit	**kartë krediti** (f)	[kártə krɛdíti]
chèque (m)	**çek** (m)	[tʃɛk]
faire un chèque	**lëshoj një çek**	[ləʃój ɲə tʃék]
chéquier (m)	**bllok çeqesh** (m)	[bɫók tʃécɛʃ]
dette (f)	**borxh** (m)	[bórdʒ]
débiteur (m)	**debitor** (m)	[dɛbitór]
prêter (vt)	**jap hua**	[jap huá]
emprunter (vt)	**marr hua**	[mar huá]
louer (une voiture, etc.)	**marr me qira**	[mar mɛ cirá]
à crédit (adv)	**me kredi**	[mɛ krɛdí]
portefeuille (m)	**portofol** (m)	[portofól]
coffre fort (m)	**kasafortë** (f)	[kasafórtə]
héritage (m)	**trashëgimi** (f)	[traʃəgimí]
fortune (f)	**pasuri** (f)	[pasurí]
impôt (m)	**taksë** (f)	[táksə]
amende (f)	**gjobë** (f)	[ɟóbə]
mettre une amende	**vendos gjobë**	[vɛndós ɟóbə]
en gros (adj)	**me shumicë**	[mɛ ʃumítsə]
au détail (adj)	**me pakicë**	[mɛ pakítsə]
assurer (vt)	**siguroj**	[sigurój]
assurance (f)	**sigurim** (m)	[sigurím]
capital (m)	**kapital** (m)	[kapitál]
chiffre (m) d'affaires	**qarkullim** (m)	[carkuɫím]

action (f)	stok (m)	[stok]
profit (m)	fitim (m)	[fitím]
profitable (adj)	fitimprurës	[fitimprúrəs]
crise (f)	krizë (f)	[krízə]
faillite (f)	falimentim (m)	[falimɛntím]
faire faillite	falimentoj	[falimɛntój]
comptable (m)	kontabilist (m)	[kontabilíst]
salaire (m)	pagë (f)	[págə]
prime (f)	bonus (m)	[bonús]

10. Les transports

autobus (m)	autobus (m)	[autobús]
tramway (m)	tramvaj (m)	[tramváj]
trolleybus (m)	autobus tramvaj (m)	[autobús tramváj]
prendre ...	udhëtoj me ...	[uðətój mɛ ...]
monter (dans l'autobus)	hip	[hip]
descendre de ...	zbres ...	[zbrɛs ...]
arrêt (m)	stacion (m)	[statsión]
terminus (m)	terminal (m)	[tɛrminál]
horaire (m)	orar (m)	[orár]
ticket (m)	biletë (f)	[bilétə]
être en retard	vonohem	[vonóhɛm]
taxi (m)	taksi (m)	[táksi]
en taxi	me taksi	[mɛ táksi]
arrêt (m) de taxi	stacion taksish (m)	[statsión táksiʃ]
trafic (m)	trafik (m)	[trafík]
heures (f pl) de pointe	orë e trafikut të rëndë (f)	[órə ɛ trafíkut tə rəndə]
se garer (vp)	parkoj	[parkój]
métro (m)	metro (f)	[mɛtró]
station (f)	stacion (m)	[statsión]
train (m)	tren (m)	[trɛn]
gare (f)	stacion treni (m)	[statsión tréni]
rails (m pl)	shina (pl)	[ʃína]
compartiment (m)	ndarje (f)	[ndárjɛ]
couchette (f)	kat (m)	[kat]
avion (m)	avion (m)	[avión]
billet (m) d'avion	biletë avioni (f)	[bilétə avióni]
compagnie (f) aérienne	kompani ajrore (f)	[kompaní ajrórɛ]
aéroport (m)	aeroport (m)	[aɛropórt]
vol (m) (~ d'oiseau)	fluturim (m)	[fluturím]
bagage (m)	bagazh (m)	[bagáʒ]

chariot (m)	karrocë bagazhesh (f)	[karótsə bagáʒɛʃ]
bateau (m)	anije (f)	[aníjɛ]
bateau (m) de croisière	krocierë (f)	[krotsiérə]
yacht (m)	jaht (m)	[jáht]
canot (m) à rames	barkë (f)	[bárkə]

capitaine (m)	kapiten (m)	[kapitén]
cabine (f)	kabinë (f)	[kabínə]
port (m)	port (m)	[port]

vélo (m)	biçikletë (f)	[bitʃiklétə]
scooter (m)	skuter (m)	[skutér]
moto (f)	motoçikletë (f)	[mototʃiklétə]
pédale (f)	pedale (f)	[pɛdálɛ]
pompe (f)	pompë (f)	[pómpə]
roue (f)	rrotë (f)	[rótə]

automobile (f)	makinë (f)	[makínə]
ambulance (f)	ambulancë (f)	[ambulántsə]
camion (m)	kamion (m)	[kamión]
d'occasion (adj)	i përdorur	[i pərdórur]
accident (m) de voiture	aksident (m)	[aksidént]
réparation (f)	riparim (m)	[riparím]

11. Les produits alimentaires. Partie 1

viande (f)	mish (m)	[miʃ]
poulet (m)	pulë (f)	[púlə]
canard (m)	rosë (f)	[rósə]

du porc	mish derri (m)	[miʃ déri]
du veau	mish viçi (m)	[miʃ vítʃi]
du mouton	mish qengji (m)	[miʃ cénɟi]
du bœuf	mish lope (m)	[miʃ lópɛ]

saucisson (m)	salsiçe (f)	[salsítʃɛ]
œuf (m)	ve (f)	[vɛ]
poisson (m)	peshk (m)	[pɛʃk]
fromage (m)	djath (m)	[djáθ]
sucre (m)	sheqer (m)	[ʃɛcér]
sel (m)	kripë (f)	[krípə]

riz (m)	oriz (m)	[oríz]
pâtes (m pl)	makarona (f)	[makaróna]
beurre (m)	gjalp (m)	[ɟalp]
huile (f) végétale	vaj vegjetal (m)	[vaj vɛɟɛtál]
pain (m)	bukë (f)	[búkə]
chocolat (m)	çokollatë (f)	[tʃokoɫátə]
vin (m)	verë (f)	[vérə]
café (m)	kafe (f)	[káfɛ]

lait (m)	qumësht (m)	[cúməʃt]
jus (m)	lëng frutash (m)	[ləŋ frútaʃ]
bière (f)	birrë (f)	[bírə]
thé (m)	çaj (m)	[tʃáj]

tomate (f)	domate (f)	[domátɛ]
concombre (m)	kastravec (m)	[kastravéts]
carotte (f)	karotë (f)	[karótə]
pomme (f) de terre	patate (f)	[patátɛ]
oignon (m)	qepë (f)	[cépə]
ail (m)	hudhër (f)	[húðər]

chou (m)	lakër (f)	[lákər]
betterave (f)	panxhar (m)	[pandʒár]
aubergine (f)	patëllxhan (m)	[patełdʒán]
fenouil (m)	kopër (f)	[kópər]
laitue (f) (salade)	sallatë jeshile (f)	[sałátə jɛʃílɛ]
maïs (m)	misër (m)	[mísər]

fruit (m)	frut (m)	[frut]
pomme (f)	mollë (f)	[mółə]
poire (f)	dardhë (f)	[dárðə]
citron (m)	limon (m)	[limón]
orange (f)	portokall (m)	[portokáł]
fraise (f)	luleshtrydhe (f)	[lulɛʃtrýðɛ]

prune (f)	kumbull (f)	[kúmbuł]
framboise (f)	mjedër (f)	[mjédər]
ananas (m)	ananas (m)	[ananás]
banane (f)	banane (f)	[banánɛ]
pastèque (f)	shalqi (m)	[ʃalcí]
raisin (m)	rrush (m)	[ruʃ]
melon (m)	pjepër (m)	[pjépər]

12. Les produits alimentaires. Partie 2

cuisine (f)	kuzhinë (f)	[kuʒínə]
recette (f)	recetë (f)	[rɛtsétə]
nourriture (f)	ushqim (m)	[uʃcím]

prendre le petit déjeuner	ha mëngjes	[ha mənɟés]
déjeuner (vi)	ha drekë	[ha drékə]
dîner (vi)	ha darkë	[ha dárkə]

goût (m)	shije (f)	[ʃíjɛ]
bon (savoureux)	i shijshëm	[i ʃíʃəm]
froid (adj)	i ftohtë	[i ftóhtə]
chaud (adj)	i nxehtë	[i ndzéhtə]
sucré (adj)	i ëmbël	[i émbəl]
salé (adj)	i kripur	[i krípur]

sandwich (m)	sandviç (m)	[sandvítʃ]
garniture (f)	garniturë (f)	[garnitúrə]
garniture (f)	mbushje (f)	[mbúʃʃɛ]
sauce (f)	salcë (f)	[sáltsə]
morceau (m)	copë (f)	[tsópə]
régime (m)	dietë (f)	[diétə]
vitamine (f)	vitaminë (f)	[vitamínə]
calorie (f)	kalori (f)	[kalorí]
végétarien (m)	vegjetarian (m)	[vɛɟɛtarián]
restaurant (m)	restorant (m)	[rɛstoránt]
salon (m) de café	kafene (f)	[kafɛné]
appétit (m)	oreks (m)	[oréks]
Bon appétit!	Të bëftë mirë!	[tə bəftə mírə!]
serveur (m)	kamerier (m)	[kamɛriér]
serveuse (f)	kameriere (f)	[kamɛriérɛ]
barman (m)	banakier (m)	[banakiér]
carte (f)	menu (f)	[mɛnú]
cuillère (f)	lugë (f)	[lúgə]
couteau (m)	thikë (f)	[θíkə]
fourchette (f)	pirun (m)	[pirún]
tasse (f)	filxhan (m)	[fildʒán]
assiette (f)	pjatë (f)	[pjátə]
soucoupe (f)	pjatë filxhani (f)	[pjátə fildʒáni]
serviette (f)	pecetë (f)	[pɛtsétə]
cure-dent (m)	kruajtëse dhëmbësh (f)	[krúajtəsɛ ðémbəʃ]
commander (vt)	porosis	[porosís]
plat (m)	pjatë (f)	[pjátə]
portion (f)	racion (m)	[ratsión]
hors-d'œuvre (m)	antipastë (f)	[antipástə]
salade (f)	sallatë (f)	[saɫátə]
soupe (f)	supë (f)	[súpə]
dessert (m)	ëmbëlsirë (f)	[əmbəlsírə]
confiture (f)	reçel (m)	[rɛtʃél]
glace (f)	akullore (f)	[akuɫórɛ]
addition (f)	faturë (f)	[fatúrə]
régler l'addition	paguaj faturën	[pagúaj fatúrən]
pourboire (m)	bakshish (m)	[bakʃíʃ]

13. La maison. L'appartement. Partie 1

maison (f)	shtëpi (f)	[ʃtəpí]
maison (f) de campagne	vilë (f)	[vílə]
villa (f)	vilë (f)	[vílə]

étage (m)	kat (m)	[kat]
entrée (f)	hyrje (f)	[hýrjɛ]
mur (m)	mur (m)	[mur]
toit (m)	çati (f)	[tʃatí]
cheminée (f)	oxhak (m)	[odʒák]
grenier (m)	papafingo (f)	[papafíŋo]
fenêtre (f)	dritare (f)	[dritárɛ]
rebord (m)	prag dritareje (m)	[prag dritárɛjɛ]
balcon (m)	ballkon (m)	[baɫkón]
escalier (m)	shkallë (f)	[ʃkáɫə]
boîte (f) à lettres	kuti postare (f)	[kutí postárɛ]
poubelle (f) d'extérieur	kazan mbeturinash (m)	[kazán mbɛturínaʃ]
ascenseur (m)	ashensor (m)	[aʃɛnsór]
électricité (f)	elektricitet (m)	[ɛlɛktritsitét]
ampoule (f)	poç (m)	[potʃ]
interrupteur (m)	çelës drite (m)	[tʃéləs drítɛ]
prise (f)	prizë (f)	[prízə]
fusible (m)	siguresë (f)	[sigurésə]
porte (f)	derë (f)	[dérə]
poignée (f)	dorezë (f)	[dorézə]
clé (f)	çelës (m)	[tʃéləs]
paillasson (m)	tapet hyrës (m)	[tapét hýrəs]
serrure (f)	kyç (m)	[kytʃ]
sonnette (f)	zile (f)	[zílɛ]
coups (m pl) à la porte	trokitje (f)	[trokítjɛ]
frapper (~ à la porte)	trokas	[trokás]
judas (m)	vrimë përgjimi (f)	[vrímə pərɟími]
cour (f)	oborr (m)	[obór]
jardin (m)	kopsht (m)	[kopʃt]
piscine (f)	pishinë (f)	[piʃínə]
salle (f) de gym	palestër (f)	[paléstər]
court (m) de tennis	fushë tenisi (f)	[fúʃə tɛnísi]
garage (m)	garazh (m)	[garáʒ]
propriété (f) privée	pronë private (f)	[prónə privátɛ]
panneau d'avertissement	shenjë paralajmëruese (f)	[ʃéɲə paralajmərúɛsɛ]
sécurité (f)	sigurim (m)	[sigurím]
agent (m) de sécurité	roje sigurimi (m)	[rójɛ sigurími]
rénovation (f)	renovim (m)	[rɛnovím]
faire la rénovation	rinovoj	[rinovój]
remettre en ordre	rregulloj	[rɛguɫój]
peindre (des murs)	lyej	[lýɛj]
papier (m) peint	tapiceri (f)	[tapitsɛrí]
vernir (vt)	lustroj	[lustrój]
tuyau (m)	gyp (m)	[gyp]

outils (m pl)	vegla (pl)	[végla]
sous-sol (m)	qilar (m)	[cilár]
égouts (m pl)	kanalizim (m)	[kanalizím]

14. La maison. L'appartement. Partie 2

appartement (m)	apartament (m)	[apartamént]
chambre (f)	dhomë (f)	[ðómə]
chambre (f) à coucher	dhomë gjumi (f)	[ðómə ɟúmi]
salle (f) à manger	dhomë ngrënie (f)	[ðómə ŋrəníɛ]
salon (m)	dhomë ndeje (f)	[ðómə ndéjɛ]
bureau (m)	dhomë pune (f)	[ðómə púnɛ]
antichambre (f)	hyrje (f)	[hýrjɛ]
salle (f) de bains	banjo (f)	[báɲo]
toilettes (f pl)	tualet (m)	[tualét]
plancher (m)	dysheme (f)	[dyʃɛmé]
plafond (m)	tavan (m)	[taván]
essuyer la poussière	marr pluhurat	[mar plúhurat]
aspirateur (m)	fshesë elektrike (f)	[fʃésə ɛlɛktríkɛ]
passer l'aspirateur	thith pluhurin	[θiθ plúhurin]
balai (m) à franges	shtupë (f)	[ʃtúpə]
torchon (m)	leckë (f)	[létskə]
balayette (f) de sorgho	fshesë (f)	[fʃésə]
pelle (f) à ordures	kaci (f)	[katsí]
meubles (m pl)	orendi (f)	[orɛndí]
table (f)	tryezë (f)	[tryézə]
chaise (f)	karrige (f)	[karígɛ]
fauteuil (m)	kolltuk (m)	[koɬtúk]
bibliothèque (f) (meuble)	raft librash (m)	[ráft líbraʃ]
rayon (m)	sergjen (m)	[sɛɲén]
armoire (f)	gardërobë (f)	[gardəróbə]
miroir (m)	pasqyrë (f)	[pascýrə]
tapis (m)	qilim (m)	[cilím]
cheminée (f)	oxhak (m)	[odʒák]
rideaux (m pl)	perde (f)	[pérdɛ]
lampe (f) de table	llambë tavoline (f)	[ɬámbə tavolínɛ]
lustre (m)	llambadar (m)	[ɬambadár]
cuisine (f)	kuzhinë (f)	[kuʒínə]
cuisinière (f) à gaz	sobë me gaz (f)	[sóbə mɛ gaz]
cuisinière (f) électrique	sobë elektrike (f)	[sóbə ɛlɛktríkɛ]
four (m) micro-ondes	mikrovalë (f)	[mikroválə]
réfrigérateur (m)	frigorifer (m)	[frigorifér]
congélateur (m)	frigorifer (m)	[frigorifér]

| lave-vaisselle (m) | pjatalarëse (f) | [pjatalárəsɛ] |
| robinet (m) | rubinet (m) | [rubinét] |

hachoir (m) à viande	grirëse mishi (f)	[grírəsɛ míʃi]
centrifugeuse (f)	shtrydhëse frutash (f)	[ʃtrýðəsɛ frútaʃ]
grille-pain (m)	toster (m)	[tostér]
batteur (m)	mikser (m)	[miksér]

machine (f) à café	makinë kafeje (f)	[makínə kaféjɛ]
bouilloire (f)	çajnik (m)	[tʃajník]
théière (f)	çajnik (m)	[tʃajník]

téléviseur (m)	televizor (m)	[tɛlɛvizór]
magnétoscope (m)	video regjistrues (m)	[vídɛo rɛɟistrúɛs]
fer (m) à repasser	hekur (m)	[hékur]
téléphone (m)	telefon (m)	[tɛlɛfón]

15. Les occupations. Le statut social

directeur (m)	drejtor (m)	[drɛjtór]
supérieur (m)	epror (m)	[ɛprór]
président (m)	president (m)	[prɛsidént]
assistant (m)	ndihmës (m)	[ndíhməs]
secrétaire (m, f)	sekretar (m)	[sɛkrɛtár]

propriétaire (m)	pronar (m)	[pronár]
partenaire (m)	partner (m)	[partnér]
actionnaire (m)	aksioner (m)	[aksionér]

homme (m) d'affaires	biznesmen (m)	[biznɛsmén]
millionnaire (m)	milioner (m)	[milionér]
milliardaire (m)	bilioner (m)	[bilionér]

acteur (m)	aktor (m)	[aktór]
architecte (m)	arkitekt (m)	[arkitékt]
banquier (m)	bankier (m)	[bankiér]
courtier (m)	komisioner (m)	[komisionér]
vétérinaire (m)	veteriner (m)	[vɛtɛrinér]
médecin (m)	mjek (m)	[mjék]
femme (f) de chambre	pastruese (f)	[pastrúɛsɛ]
designer (m)	projektues (m)	[projɛktúɛs]
correspondant (m)	korrespondent (m)	[korɛspondént]
livreur (m)	postier (m)	[postiér]

électricien (m)	elektricist (m)	[ɛlɛktritsíst]
musicien (m)	muzikant (m)	[muzikánt]
baby-sitter (m, f)	dado (f)	[dádo]
coiffeur (m)	parukiere (f)	[parukiérɛ]
berger (m)	bari (m)	[barí]
chanteur (m)	këngëtar (m)	[kəŋətár]

traducteur (m)	përkthyes (m)	[pərkθýɛs]
écrivain (m)	shkrimtar (m)	[ʃkrimtár]
charpentier (m)	marangoz (m)	[maraŋóz]
cuisinier (m)	kuzhinier (m)	[kuʒiniér]

pompier (m)	zjarrfikës (m)	[zjarfíkəs]
policier (m)	polic (m)	[políts]
facteur (m)	postier (m)	[postiér]
programmeur (m)	programues (m)	[programúɛs]
vendeur (m)	shitës (m)	[ʃítəs]

ouvrier (m)	punëtor (m)	[punətór]
jardinier (m)	kopshtar (m)	[kopʃtár]
plombier (m)	hidraulik (m)	[hidraulík]
stomatologue (m)	dentist (m)	[dɛntíst]
hôtesse (f) de l'air	stjuardesë (f)	[stjuardésə]

danseur (m)	valltar (m)	[vaɫtár]
garde (m) du corps	truprojë (f)	[truprójə]
savant (m)	shkencëtar (m)	[ʃkɛntsətár]
professeur (m)	mësues (m)	[məsúɛs]

fermier (m)	fermer (m)	[fɛrmér]
chirurgien (m)	kirurg (m)	[kirúrg]
mineur (m)	minator (m)	[minatór]
cuisinier (m) en chef	shef kuzhine (m)	[ʃɛf kuʒínɛ]
chauffeur (m)	shofer (m)	[ʃofér]

16. Le sport

type (m) de sport	lloj sporti (m)	[ɫoj spórti]
football (m)	futboll (m)	[futbóɫ]
hockey (m)	hokej (m)	[hokéj]
basket-ball (m)	basketboll (m)	[baskɛtbóɫ]
base-ball (m)	bejsboll (m)	[bɛjsbóɫ]

volley-ball (m)	volejboll (m)	[volɛjbóɫ]
boxe (f)	boks (m)	[boks]
lutte (f)	mundje (f)	[múndjɛ]
tennis (m)	tenis (m)	[tɛnís]
natation (f)	not (m)	[not]

échecs (m pl)	shah (m)	[ʃah]
course (f)	vrapim (m)	[vrapím]
athlétisme (m)	atletikë (f)	[atlɛtíkə]
patinage (m) artistique	patinazh (m)	[patináʒ]
cyclisme (m)	çiklizëm (m)	[tʃiklízəm]

| billard (m) | bilardo (f) | [bilárdo] |
| bodybuilding (m) | bodybuilding (m) | [bodybuildíŋ] |

golf (m)	golf (m)	[golf]
plongée (f)	zhytje (f)	[ʒýtjɛ]
voile (f)	lundrim me vela (m)	[lundrím mɛ véla]
tir (m) à l'arc	gjuajtje me hark (f)	[ɟúajtjɛ mɛ hárk]

mi-temps (f)	pjesë (f)	[pjésə]
mi-temps (f) (pause)	pushim (m)	[puʃím]
match (m) nul	barazim (m)	[barazím]
faire match nul	barazoj	[barazój]

tapis (m) roulant	makinë vrapi (f)	[makínə vrápi]
joueur (m)	lojtar (m)	[lojtár]
remplaçant (m)	zëvendësues (m)	[zəvɛndəsúɛs]
banc (m) des remplaçants	stol i rezervave (m)	[stol i rɛzérvavɛ]

match (m)	ndeshje (f)	[ndéʃjɛ]
but (m)	gol (m)	[gol]
gardien (m) de but	portier (m)	[portiér]
but (m)	gol (m)	[gol]

Jeux (m pl) olympiques	Lojërat Olimpike (pl)	[lójərat olimpíkɛ]
établir un record	vendos rekord	[vɛndós rɛkórd]
finale (f)	finale	[finálɛ]
champion (m)	kampion (m)	[kampión]
championnat (m)	kampionat (m)	[kampionát]

gagnant (m)	fitues (m)	[fitúɛs]
victoire (f)	fitore (f)	[fitórɛ]
gagner (vi)	fitoj	[fitój]
perdre (vi)	humb	[húmb]
médaille (f)	medalje (f)	[mɛdáljɛ]

première place (f)	vendi i parë	[véndi i párə]
deuxième place (f)	vendi i dytë	[véndi i dýtə]
troisième place (f)	vendi i tretë	[véndi i trétə]

stade (m)	stadium (m)	[stadiúm]
supporteur (m)	tifoz (m)	[tifóz]
entraîneur (m)	trajner (m)	[trajnér]
entraînement (m)	trajnim (m)	[trajním]

17. Les langues étrangères. L'orthographe

langue (f)	gjuhë (f)	[ɟúhə]
étudier (vt)	studioj	[studiój]
prononciation (f)	shqiptim (m)	[ʃciptím]
accent (m)	aksent (m)	[aksént]

| nom (m) | emër (m) | [émər] |
| adjectif (m) | mbiemër (m) | [mbiémər] |

verbe (m)	folje (f)	[fóljɛ]
adverbe (m)	ndajfolje (f)	[ndajfóljɛ]
pronom (m)	përemër (m)	[pərémər]
interjection (f)	pasthirrmë (f)	[pasθírmə]
préposition (f)	parafjalë (f)	[parafjálə]
racine (f)	rrënjë (f)	[rə́ɲə]
terminaison (f)	fundore (f)	[fundórɛ]
préfixe (m)	parashtesë (f)	[paraʃtésə]
syllabe (f)	rrokje (f)	[rókjɛ]
suffixe (m)	prapashtesë (f)	[prapaʃtésə]
accent (m) tonique	theks (m)	[θɛks]
point (m)	pikë (f)	[píkə]
virgule (f)	presje (f)	[présjɛ]
deux-points (m)	dy pika (f)	[dy píka]
points (m pl) de suspension	tre pika (f)	[trɛ píka]
question (f)	pyetje (f)	[pýɛtjɛ]
point (m) d'interrogation	pikëpyetje (f)	[pikəpýɛtjɛ]
point (m) d'exclamation	pikëçuditje (f)	[pikətʃudítjɛ]
entre guillemets	në thonjëza	[nə θóɲəza]
entre parenthèses	brenda kllapave	[brénda kɫápavɛ]
lettre (f)	shkronjë (f)	[ʃkróɲə]
majuscule (f)	shkronjë e madhe (f)	[ʃkróɲə ɛ máðɛ]
proposition (f)	fjali (f)	[fjalí]
groupe (m) de mots	grup fjalësh (m)	[grup fjáləʃ]
expression (f)	shprehje (f)	[ʃpréhjɛ]
sujet (m)	kryefjalë (f)	[kryɛfjálə]
prédicat (m)	kallëzues (m)	[kaɫəzúɛs]
ligne (f)	rresht (m)	[réʃt]
paragraphe (m)	paragraf (m)	[paragráf]
synonyme (m)	sinonim (m)	[sinoním]
antonyme (m)	antonim (m)	[antoním]
exception (f)	përjashtim (m)	[pərjaʃtím]
souligner (vt)	nënvijëzoj	[nənvijəzój]
règles (f pl)	rregullat (pl)	[réguɫat]
grammaire (f)	gramatikë (f)	[gramatíkə]
vocabulaire (m)	fjalor (m)	[fjalór]
phonétique (f)	fonetikë (f)	[fonɛtíkə]
alphabet (m)	alfabet (m)	[alfabét]
manuel (m)	tekst mësimor (m)	[tɛkst məsimór]
dictionnaire (m)	fjalor (m)	[fjalór]
guide (m) de conversation	libër frazeologjik (m)	[líbər frazɛoloɟík]
mot (m)	fjalë (f)	[fjálə]

| sens (m) | kuptim (m) | [kuptím] |
| mémoire (f) | kujtesë (f) | [kujtésə] |

18. La Terre. La géographie

Terre (f)	Toka (f)	[tóka]
globe (m) terrestre	globi (f)	[glóbi]
planète (f)	planet (m)	[planét]

géographie (f)	gjeografi (f)	[ɟɛografí]
nature (f)	natyrë (f)	[natýrə]
carte (f)	hartë (f)	[hártə]
atlas (m)	atlas (m)	[atlás]

au nord	në veri	[nə vɛrí]
au sud	në jug	[nə jug]
à l'occident	në perëndim	[nə pɛrəndím]
à l'orient	në lindje	[nə líndjɛ]

mer (f)	det (m)	[dét]
océan (m)	oqean (m)	[ocɛán]
golfe (m)	gji (m)	[ɟi]
détroit (m)	ngushticë (f)	[ŋuʃtítsə]

continent (m)	kontinent (m)	[kontinént]
île (f)	ishull (m)	[íʃuɫ]
presqu'île (f)	gadishull (m)	[gadíʃuɫ]
archipel (m)	arkipelag (m)	[arkipɛlág]

port (m)	port (m)	[port]
récif (m) de corail	korale nënujorë (f)	[korálɛ nənujórə]
littoral (m)	breg (m)	[brɛg]
côte (f)	bregdet (m)	[brɛgdét]

| marée (f) haute | batica (f) | [batítsa] |
| marée (f) basse | zbaticë (f) | [zbatítsə] |

latitude (f)	gjerësi (f)	[ɟɛrəsí]
longitude (f)	gjatësi (f)	[ɟatəsí]
parallèle (f)	paralele (f)	[paralélɛ]
équateur (m)	ekuator (m)	[ɛkuatór]

ciel (m)	qiell (m)	[cíɛɫ]
horizon (m)	horizont (m)	[horizónt]
atmosphère (f)	atmosferë (f)	[atmosférə]

montagne (f)	mal (m)	[mal]
sommet (m)	majë (f)	[májə]
rocher (m)	shkëmb (m)	[ʃkəmb]
colline (f)	kodër (f)	[kódər]

volcan (m)	vullkan (m)	[vuɫkán]
glacier (m)	akullnajë (f)	[akuɫnájə]
chute (f) d'eau	ujëvarë (f)	[ujəvárə]
plaine (f)	fushë (f)	[fúʃə]

rivière (f), fleuve (m)	lum (m)	[lum]
source (f)	burim (m)	[burím]
rive (f)	breg (m)	[brɛg]
en aval	rrjedhje e poshtme	[rjéðjɛ ɛ póʃtmɛ]
en amont	rrjedhje e sipërme	[rjéðjɛ ɛ sípərmɛ]

lac (m)	liqen (m)	[licén]
barrage (m)	digë (f)	[dígə]
canal (m)	kanal (m)	[kanál]
marais (m)	kënetë (f)	[kənétə]
glace (f)	akull (m)	[ákuɫ]

19. Les pays du monde. Partie 1

Europe (f)	Evropa (f)	[ɛvrópa]
Union (f) européenne	Bashkimi Evropian (m)	[baʃkími ɛvropián]
européen (m)	Evropian (m)	[ɛvropián]
européen (adj)	evropian	[ɛvropián]

Autriche (f)	Austri (f)	[austrí]
Grande-Bretagne (f)	Britani e Madhe (f)	[brítani ɛ máðɛ]
Angleterre (f)	Angli (f)	[aŋlí]
Belgique (f)	Belgjikë (f)	[bɛʎíkə]
Allemagne (f)	Gjermani (f)	[ɟɛrmaní]

Pays-Bas (m)	Holandë (f)	[holándə]
Hollande (f)	Holandë (f)	[holándə]
Grèce (f)	Greqi (f)	[grɛcí]
Danemark (m)	Danimarkë (f)	[danimárkə]
Irlande (f)	Irlandë (f)	[irlándə]

Islande (f)	Islandë (f)	[islándə]
Espagne (f)	Spanjë (f)	[spáɲə]
Italie (f)	Itali (f)	[italí]
Chypre (m)	Qipro (f)	[cípro]
Malte (f)	Maltë (f)	[máltə]

Norvège (f)	Norvegji (f)	[norvɛɟí]
Portugal (m)	Portugali (f)	[portugalí]
Finlande (f)	Finlandë (f)	[finlándə]
France (f)	Francë (f)	[frántsə]
Suède (f)	Suedi (f)	[suɛdí]

| Suisse (f) | Zvicër (f) | [zvítsər] |
| Écosse (f) | Skoci (f) | [skotsí] |

Vatican (m)	Vatikan (m)	[vatikán]
Liechtenstein (m)	Lichtenstein (m)	[litshtɛnstéin]
Luxembourg (m)	Luksemburg (m)	[luksɛmbúrg]
Monaco (m)	Monako (f)	[monáko]
Albanie (f)	Shqipëri (f)	[ʃcipərí]
Bulgarie (f)	Bullgari (f)	[buɫgarí]
Hongrie (f)	Hungari (f)	[huŋarí]
Lettonie (f)	Letoni (f)	[lɛtoní]
Lituanie (f)	Lituani (f)	[lituaní]
Pologne (f)	Poloni (f)	[poloní]
Roumanie (f)	Rumani (f)	[rumaní]
Serbie (f)	Serbi (f)	[sɛrbí]
Slovaquie (f)	Sllovaki (f)	[sɫovakí]
Croatie (f)	Kroaci (f)	[kroatsí]
République (f) Tchèque	Republika Çeke (f)	[rɛpublíka tʃékɛ]
Estonie (f)	Estoni (f)	[ɛstoní]
Bosnie (f)	Bosnje Herzegovina (f)	[bósɲɛ hɛrzɛgovína]
Macédoine (f)	Maqedonia (f)	[macɛdonía]
Slovénie (f)	Sllovenia (f)	[sɫovɛnía]
Monténégro (m)	Mali i Zi (m)	[máli i zí]
Biélorussie (f)	Bjellorusi (f)	[bjɛɫorusí]
Moldavie (f)	Moldavi (f)	[moldaví]
Russie (f)	Rusi (f)	[rusí]
Ukraine (f)	Ukrainë (f)	[ukraínə]

20. Les pays du monde. Partie 2

Asie (f)	Azia (f)	[azía]
Vietnam (m)	Vietnam (m)	[viɛtnám]
Inde (f)	Indi (f)	[indí]
Israël (m)	Izrael (m)	[izraél]
Chine (f)	Kinë (f)	[kínə]
Liban (m)	Liban (m)	[libán]
Mongolie (f)	Mongoli (f)	[moŋolí]
Malaisie (f)	Malajzi (f)	[malajzí]
Pakistan (m)	Pakistan (m)	[pakistán]
Arabie (f) Saoudite	Arabia Saudite (f)	[arabía saudítɛ]
Thaïlande (f)	Tajlandë (f)	[tajlándə]
Taïwan (m)	Tajvan (m)	[tajván]
Turquie (f)	Turqi (f)	[turcí]
Japon (m)	Japoni (f)	[japoní]
Afghanistan (m)	Afganistan (m)	[afganistán]
Bangladesh (m)	Bangladesh (m)	[baŋladéʃ]
Indonésie (f)	Indonezi (f)	[indonɛzí]

Jordanie (f)	Jordani (f)	[jordaní]
Iraq (m)	Irak (m)	[irak]
Iran (m)	Iran (m)	[irán]

Cambodge (m)	Kamboxhia (f)	[kambódʒia]
Koweït (m)	Kuvajt (m)	[kuvájt]
Laos (m)	Laos (m)	[láos]
Myanmar (m)	Mianmar (m)	[mianmár]
Népal (m)	Nepal (m)	[nɛpál]

Fédération (f) des Émirats Arabes Unis	Emiratet e Bashkuara Arabe (pl)	[ɛmirátɛt ɛ baʃkúara arábɛ]
Syrie (f)	Siri (f)	[sirí]
Palestine (f)	Palestinë (f)	[palɛstínə]
Corée (f) du Sud	Korea e Jugut (f)	[koréa ɛ júgut]
Corée (f) du Nord	Korea e Veriut (f)	[koréa ɛ vériut]

Les États Unis	Shtetet e Bashkuara të Amerikës	[ʃtétɛt ɛ baʃkúara tə amɛríkəs]
Canada (m)	Kanada (f)	[kanadá]
Mexique (m)	Meksikë (f)	[mɛksíkə]
Argentine (f)	Argjentinë (f)	[arɟɛntínə]
Brésil (m)	Brazil (m)	[brazíl]

Colombie (f)	Kolumbi (f)	[kolumbí]
Cuba (f)	Kuba (f)	[kúba]
Chili (m)	Kili (m)	[kíli]
Venezuela (f)	Venezuelë (f)	[vɛnɛzuélə]
Équateur (m)	Ekuador (m)	[ɛkuadór]

Bahamas (f pl)	Bahamas (m)	[bahámas]
Panamá (m)	Panama (f)	[panamá]
Égypte (f)	Egjipt (m)	[ɛɟípt]
Maroc (m)	Marok (m)	[marók]
Tunisie (f)	Tunizi (f)	[tunizí]

Kenya (m)	Kenia (f)	[kénia]
Libye (f)	Libia (f)	[libía]
République (f) Sud-africaine	Afrika e Jugut (f)	[afríka ɛ júgut]
Australie (f)	Australia (f)	[australía]
Nouvelle Zélande (f)	Zelandë e Re (f)	[zɛlándə ɛ ré]

21. Le temps. Les catastrophes naturelles

temps (m)	moti (m)	[móti]
météo (f)	parashikimi i motit (m)	[paraʃikími i mótit]
température (f)	temperaturë (f)	[tɛmpɛratúrə]
thermomètre (m)	termometër (m)	[tɛrmométər]
baromètre (m)	barometër (m)	[barométər]

soleil (m)	diell (m)	[díɛɫ]
briller (soleil)	ndriçon	[ndritʃón]
ensoleillé (jour ~)	me diell	[mɛ díɛɫ]
se lever (vp)	agon	[agón]
se coucher (vp)	perëndon	[pɛrəndón]

pluie (f)	shi (m)	[ʃi]
il pleut	bie shi	[bíɛ ʃi]
pluie (f) torrentielle	shi litar (m)	[ʃi litár]
nuée (f)	re shiu (f)	[rɛ ʃíu]
flaque (f)	brakë (f)	[brákə]
se faire mouiller	lagem	[lágɛm]

orage (m)	stuhi (f)	[stuhí]
éclair (m)	vetëtimë (f)	[vɛtətímə]
éclater (foudre)	vetëton	[vɛtətón]
tonnerre (m)	bubullimë (f)	[bubuɫímə]
le tonnerre gronde	bubullon	[bubuɫón]
grêle (f)	breshër (m)	[bréʃər]
il grêle	po bie breshër	[po bíɛ bréʃər]

chaleur (f) (canicule)	vapë (f)	[vápə]
il fait très chaud	është nxehtë	[əʃtə ndzéhtə]
il fait chaud	është ngrohtë	[əʃtə ŋróhtə]
il fait froid	bën ftohtë	[bən ftóhtə]

brouillard (m)	mjegull (f)	[mjéguɫ]
brumeux (adj)	e mjegullt	[ɛ mjéguɫt]
nuage (m)	re (f)	[rɛ]
nuageux (adj)	vranët	[vránət]
humidité (f)	lagështi (f)	[lagəʃtí]

neige (f)	borë (f)	[bórə]
il neige	bie borë	[bíɛ bórə]
gel (m)	ngricë (f)	[ŋrítsə]
au-dessous de zéro	nën zero	[nən zéro]
givre (m)	brymë (f)	[brýmə]

intempéries (f pl)	mot i keq (m)	[mot i kɛc]
catastrophe (f)	fatkeqësi (f)	[fatkɛcəsí]
inondation (f)	përmbytje (f)	[pərmbýtjɛ]
avalanche (f)	ortek (m)	[orték]
tremblement (m) de terre	tërmet (m)	[tərmét]

secousse (f)	lëkundje (f)	[ləkúndjɛ]
épicentre (m)	epiqendër (f)	[ɛpicéndər]
éruption (f)	shpërthim (m)	[ʃpərθím]
lave (f)	llavë (f)	[ɫávə]

tornade (f)	tornado (f)	[tornádo]
tourbillon (m)	vorbull (f)	[vórbuɫ]
ouragan (m)	uragan (m)	[uragán]

| tsunami (m) | cunam (m) | [tsunám] |
| cyclone (m) | ciklon (m) | [tsiklón] |

22. Les animaux. Partie 1

| animal (m) | kafshë (f) | [káfʃə] |
| prédateur (m) | grabitqar (m) | [grabitcár] |

tigre (m)	tigër (m)	[tígər]
lion (m)	luan (m)	[luán]
loup (m)	ujk (m)	[ujk]
renard (m)	dhelpër (f)	[ðélpər]
jaguar (m)	jaguar (m)	[jaguár]

lynx (m)	rrëqebull (m)	[rəcébuɫ]
coyote (m)	kojotë (f)	[kojótə]
chacal (m)	çakall (m)	[tʃakáɫ]
hyène (f)	hienë (f)	[hiénə]

écureuil (m)	ketër (m)	[kétər]
hérisson (m)	iriq (m)	[iríc]
lapin (m)	lepur (m)	[lépur]
raton (m)	rakun (m)	[rakún]

hamster (m)	hamster (m)	[hamstér]
taupe (f)	urith (m)	[uríθ]
souris (f)	mi (m)	[mi]
rat (m)	mi (m)	[mi]
chauve-souris (f)	lakuriq (m)	[lakuríc]

castor (m)	kastor (m)	[kastór]
cheval (m)	kali (m)	[káli]
cerf (m)	dre (f)	[drɛ]
chameau (m)	deve (f)	[dévɛ]
zèbre (m)	zebër (f)	[zébər]

baleine (f)	balenë (f)	[balénə]
phoque (m)	fokë (f)	[fókə]
morse (m)	lopë deti (f)	[lópə déti]
dauphin (m)	delfin (m)	[dɛlfín]

ours (m)	ari (m)	[arí]
singe (m)	majmun (m)	[majmún]
éléphant (m)	elefant (m)	[ɛlɛfánt]
rhinocéros (m)	rinoqeront (m)	[rinocɛrónt]
girafe (f)	gjirafë (f)	[ɟiráfə]

hippopotame (m)	hipopotam (m)	[hipopotám]
kangourou (m)	kangur (m)	[kaŋúr]
chat (m) (femelle)	mace (f)	[mátsɛ]

chien (m)	qen (m)	[cɛn]
vache (f)	lopë (f)	[lópə]
taureau (m)	dem (m)	[dém]
brebis (f)	dele (f)	[délɛ]
chèvre (f)	dhi (f)	[ði]

âne (m)	gomar (m)	[gomár]
cochon (m)	derr (m)	[dɛr]
poule (f)	pulë (f)	[púlə]
coq (m)	gjel (m)	[ɟél]

canard (m)	rosë (f)	[rósə]
oie (f)	patë (f)	[pátə]
dinde (f)	gjel deti (m)	[ɟél déti]
berger (m)	qen dhensh (m)	[cɛn ðɛnʃ]

23. Les animaux. Partie 2

oiseau (m)	zog (m)	[zog]
pigeon (m)	pëllumb (m)	[pəɫúmb]
moineau (m)	harabel (m)	[harabél]
mésange (f)	xhixhimës (m)	[dʒidʒimés]
pie (f)	laraskë (f)	[laráskə]

aigle (m)	shqiponjë (f)	[ʃcipóɲə]
épervier (m)	gjeraqinë (f)	[ɟɛracínə]
faucon (m)	fajkua (f)	[fajkúa]

cygne (m)	mjellmë (f)	[mjéɫmə]
grue (f)	lejlek (m)	[lɛjlék]
cigogne (f)	lejlek (m)	[lɛjlék]
perroquet (m)	papagall (m)	[papagáɫ]
paon (m)	pallua (m)	[paɫúa]
autruche (f)	struc (m)	[struts]

héron (m)	çafkë (f)	[tʃáfkə]
rossignol (m)	bilbil (m)	[bilbíl]
hirondelle (f)	dallëndyshe (f)	[daɫəndýʃɛ]
pivert (m)	qukapik (m)	[cukapík]
coucou (m)	kukuvajkë (f)	[kukuvájkə]
chouette (f)	buf (m)	[buf]

pingouin (m)	penguin (m)	[pɛŋuín]
thon (m)	tunë (f)	[túnə]
truite (f)	troftë (f)	[tróftə]
anguille (f)	ngjalë (f)	[nɟálə]

requin (m)	peshkaqen (m)	[pɛʃkacén]
crabe (m)	gaforre (f)	[gafórɛ]
méduse (f)	kandil deti (m)	[kandíl déti]

pieuvre (f), poulpe (m)	oktapod (m)	[oktapód]
étoile (f) de mer	yll deti (m)	[yɫ déti]
oursin (m)	iriq deti (m)	[iríc déti]
hippocampe (m)	kalë deti (m)	[kálə déti]
crevette (f)	karkalec (m)	[karkaléts]
serpent (m)	gjarpër (m)	[ɟárpər]
vipère (f)	nepërka (f)	[nɛpérka]
lézard (m)	hardhucë (f)	[harðútsə]
iguane (m)	iguana (f)	[iguána]
caméléon (m)	kameleon (m)	[kamɛlɛón]
scorpion (m)	akrep (m)	[akrép]
tortue (f)	breshkë (f)	[bréʃkə]
grenouille (f)	bretkosë (f)	[brɛtkósə]
crocodile (m)	krokodil (m)	[krokodíl]
insecte (m)	insekt (m)	[insékt]
papillon (m)	flutur (f)	[flútur]
fourmi (f)	milingonë (f)	[miliŋónə]
mouche (f)	mizë (f)	[mízə]
moustique (m)	mushkonjë (f)	[muʃkóɲə]
scarabée (m)	brumbull (m)	[brúmbuɫ]
abeille (f)	bletë (f)	[blétə]
araignée (f)	merimangë (f)	[mɛrimáŋə]
coccinelle (f)	mollëkuqe (f)	[moɫəkúcɛ]

24. La flore. Les arbres

arbre (m)	pemë (f)	[pémə]
bouleau (m)	mështekna (f)	[məʃtékna]
chêne (m)	lis (m)	[lis]
tilleul (m)	bli (m)	[blí]
tremble (m)	plep i egër (m)	[plɛp i égər]
érable (m)	panjë (f)	[páɲə]
épicéa (m)	bredh (m)	[brɛð]
pin (m)	pishë (f)	[píʃə]
cèdre (m)	kedër (m)	[kédər]
peuplier (m)	plep (m)	[plɛp]
sorbier (m)	vadhë (f)	[váðə]
hêtre (m)	ah (m)	[ah]
orme (m)	elm (m)	[élm]
frêne (m)	shelg (m)	[ʃɛlg]
marronnier (m)	gështenjë (f)	[gəʃtéɲə]
palmier (m)	palma (f)	[pálma]
buisson (m)	shkurre (f)	[ʃkúrɛ]
champignon (m)	kërpudhë (f)	[kərpúðə]

champignon (m) vénéneux	**kërpudhë helmuese** (f)	[kərpúðə hɛlmúɛsɛ]
cèpe (m)	**porcini** (m)	[portsíni]
russule (f)	**rusula** (f)	[rúsula]
amanite (f) tue-mouches	**kësulkuqe** (f)	[kəsulkúcɛ]
oronge (f) verte	**kërpudha e vdekjes** (f)	[kərpúða ɛ vdékjɛs]
fleur (f)	**lule** (f)	[lúlɛ]
bouquet (m)	**buqetë** (f)	[bucétə]
rose (f)	**trëndafil** (m)	[trəndafíl]
tulipe (f)	**tulipan** (m)	[tulipán]
oeillet (m)	**karafil** (m)	[karafíl]
marguerite (f)	**kamomil** (m)	[kamomíl]
cactus (m)	**kaktus** (m)	[kaktús]
muguet (m)	**zambak i fushës** (m)	[zambák i fúʃəs]
perce-neige (f)	**luleborë** (f)	[lulɛbórə]
nénuphar (m)	**zambak uji** (m)	[zambák úji]
serre (f) tropicale	**serrë** (f)	[sérə]
gazon (m)	**lëndinë** (f)	[ləndínə]
parterre (m) de fleurs	**kënd lulishteje** (m)	[kənd lulíʃtɛjɛ]
plante (f)	**bimë** (f)	[bímə]
herbe (f)	**bar** (m)	[baɾ]
feuille (f)	**gjeth** (m)	[ɟɛθ]
pétale (m)	**petale** (f)	[pɛtálɛ]
tige (f)	**bisht** (m)	[biʃt]
pousse (f)	**filiz** (m)	[filíz]
céréales (f pl) (plantes)	**drithëra** (pl)	[dríθəra]
blé (m)	**grurë** (f)	[grúrə]
seigle (m)	**thekër** (f)	[θékəɾ]
avoine (f)	**tërshërë** (f)	[təɾʃérə]
millet (m)	**mel** (m)	[mɛl]
orge (f)	**elb** (m)	[ɛlb]
maïs (m)	**misër** (m)	[mísəɾ]
riz (m)	**oriz** (m)	[oríz]

25. Les mots souvent utilisés

aide (f)	**ndihmë** (f)	[ndíhmə]
arrêt (m) (pause)	**pauzë** (f)	[paúzə]
balance (f)	**ekuilibër** (m)	[ɛkuilíbəɾ]
base (f)	**bazë** (f)	[bázə]
catégorie (f)	**kategori** (f)	[katɛgorí]
choix (m)	**zgjedhje** (f)	[zɟéðjɛ]
coïncidence (f)	**rastësi** (f)	[rastəsí]
comparaison (f)	**krahasim** (m)	[krahasím]

début (m)	fillim (m)	[fiłím]
degré (m) (~ de liberté)	nivel (m)	[nivél]
développement (m)	zhvillim (m)	[ʒviłím]
différence (f)	ndryshim (m)	[ndryʃím]
effet (m)	efekt (m)	[ɛfékt]
effort (m)	përpjekje (f)	[pərpjékjɛ]
élément (m)	element (m)	[ɛlɛmént]
exemple (m)	shembull (m)	[ʃémbuł]
fait (m)	fakt (m)	[fakt]
faute, erreur (f)	gabim (m)	[gabím]
forme (f)	formë (f)	[fórmə]
idéal (m)	ideal (m)	[idɛál]
mode (m) (méthode)	rrugëzgjidhje (f)	[rugəzɉíðjɛ]
moment (m)	moment (m)	[momént]
obstacle (m)	pengesë (f)	[pɛɲésə]
part (f)	pjesë (f)	[pjésə]
pause (f)	pushim (m)	[puʃím]
position (f)	pozicion (m)	[pozitsión]
problème (m)	problem (m)	[problém]
processus (m)	proces (m)	[protsés]
progrès (m)	ecje përpara (f)	[étsjɛ pərpára]
propriété (f) (qualité)	cilësi (f)	[tsiləsí]
réaction (f)	reagim (m)	[rɛagím]
risque (m)	rrezik (m)	[rɛzík]
secret (m)	sekret (m)	[sɛkrét]
série (f)	seri (f)	[sɛrí]
situation (f)	situatë (f)	[situátə]
solution (f)	zgjidhje (f)	[zɉíðjɛ]
standard (adj)	standard	[standárd]
style (m)	stil (m)	[stil]
système (m)	sistem (m)	[sistém]
tableau (m) (grille)	tabelë (f)	[tabélə]
tempo (m)	ritëm (m)	[rítəm]
terme (m)	term (m)	[tɛrm]
tour (m) (attends ton ~)	kthesë (f)	[kθésə]
type (m) (~ de sport)	lloj (m)	[łoj]
urgent (adj)	urgjent	[urɟént]
utilité (f)	vegël (f)	[végəl]
vérité (f)	e vërtetë (f)	[ɛ vərtétə]
version (f)	variant (m)	[variánt]
zone (f)	zonë (f)	[zónə]

26. Les adjectifs. Partie 1

aigre (fruits ~s)	i hidhur	[i híður]
amer (adj)	i hidhur	[i híður]
ancien (adj)	i lashtë	[i láʃtə]
artificiel (adj)	artificial	[artifitsiál]
aveugle (adj)	i verbër	[i vérbər]
bas (voix ~se)	i ulët	[i úlət]
beau (homme)	i bukur	[i búkur]
bien affilé (adj)	i mprehtë	[i mpréhtə]
bon (savoureux)	i shijshëm	[i ʃíʃəm]
bronzé (adj)	i nxirë	[i ndzírə]
central (adj)	qendror	[cɛndrór]
clandestin (adj)	klandestin	[klandɛstín]
compatible (adj)	i përshtatshëm	[i pərʃtátʃəm]
content (adj)	i kënaqur	[i kənácur]
continu (usage ~)	i zgjatur	[i zɟátur]
court (de taille)	i shkurtër	[i ʃkúrtər]
cru (non cuit)	i gjallë	[i ɟátə]
dangereux (adj)	i rrezikshëm	[i rɛzíkʃəm]
d'enfant (adj)	i fëmijëve	[i fəmíjəvɛ]
dense (brouillard ~)	i dendur	[i déndur]
dernier (final)	i fundit	[i fúndit]
difficile (décision)	i vështirë	[i vəʃtírə]
d'occasion (adj)	i përdorur	[i pərdórur]
douce (l'eau ~)	i freskët	[i fréskət]
droit (pas courbe)	i drejtë	[i dréjtə]
droit (situé à droite)	djathtë	[djáθtə]
dur (pas mou)	i fortë	[i fórtə]
étroit (passage, etc.)	i ngushtë	[i ŋúʃtə]
excellent (adj)	i shkëlqyer	[i ʃkəlcýɛr]
excessif (adj)	i tepërt	[i tépərt]
extérieur (adj)	i jashtëm	[i jáʃtəm]
facile (adj)	i lehtë	[i léhtə]
fertile (le sol ~)	pjellore	[pjɛtórɛ]
fort (homme ~)	i fortë	[i fórtə]
fort (voix ~e)	i lartë	[i lártə]
fragile (vaisselle, etc.)	delikat	[dɛlikát]
gauche (adj)	majtë	[májtə]
géant (adj)	i madh	[i máð]
grand (dimension)	i madh	[i máð]
gratuit (adj)	falas	[fálas]
heureux (adj)	i lumtur	[i lúmtur]
immobile (adj)	i palëvizshëm	[i paləvízʃəm]

important (adj)	i rëndësishëm	[i rəndəsíʃəm]
intelligent (adj)	i zgjuar	[i zɟúar]
intérieur (adj)	i brendshëm	[i bréndʃəm]
légal (adj)	ligjor	[liɟór]
léger (pas lourd)	i lehtë	[i léhtə]
liquide (adj)	i lëngët	[i ləŋət]
lisse (adj)	i lëmuar	[i ləmúar]
long (~ chemin)	i gjatë	[i ɟátə]

27. Les adjectifs. Partie 2

malade (adj)	i sëmurë	[i səmúrə]
mat (couleur)	mat	[mat]
mauvais (adj)	i keq	[i kéc]
mort (adj)	i vdekur	[i vdékur]
mou (souple)	i butë	[i bútə]
mûr (fruit ~)	i pjekur	[i pjékur]
mystérieux (adj)	misterioz	[mistɛrióz]
natal (ville, pays)	autokton	[autoktón]
négatif (adj)	negativ	[nɛgatív]
neuf (adj)	i ri	[i rí]
normal (adj)	normal	[normál]
obligatoire (adj)	i detyrueshëm	[i dɛtyrúɛʃəm]
opposé (adj)	i kundërt	[i kúndərt]
ordinaire (adj)	i zakonshëm	[i zakónʃəm]
original (peu commun)	origjinal	[oriɟinál]
ouvert (adj)	i hapur	[i hápur]
parfait (adj)	i përsosur	[i pərsósur]
pas clair (adj)	i paqartë	[i pacártə]
pas difficile (adj)	jo i vështirë	[jo i vəʃtírə]
passé (le mois ~)	i fundit	[i fúndit]
pauvre (adj)	i varfër	[i várfər]
personnel (adj)	personal	[pɛrsonál]
petit (adj)	i vogël	[i vógəl]
peu profond (adj)	i cekët	[i tsékət]
plein (rempli)	i mbushur	[i mbúʃur]
poli (adj)	i sjellshëm	[i sjéɫʃəm]
possible (adj)	i mundur	[i múndur]
précis, exact (adj)	i saktë	[i sáktə]
principal (adj)	kryesor	[kryɛsór]
principal (idée ~e)	kryesor	[kryɛsór]
probable (adj)	i mundshëm	[i múndʃəm]
propre (chemise ~)	i pastër	[i pástər]
public (adj)	publik	[publík]

rapide (adj)	i shpejtë	[i ʃpéjtə]
rare (adj)	i rrallë	[i rátə]
risqué (adj)	i rrezikshëm	[i rɛzíkʃəm]
sale (pas propre)	i pistë	[i pístə]
similaire (adj)	i ngjashëm	[i ɲáʃəm]
solide (bâtiment, etc.)	i ngjeshur	[i ɲéʃur]
spacieux (adj)	i bollshëm	[i bótʃəm]
spécial (adj)	i veçantë	[i vɛtʃántə]
stupide (adj)	budalla	[budałá]
sucré (adj)	i ëmbël	[i ə́mbəl]
suivant (vol ~)	tjetër	[tjétər]
supplémentaire (adj)	shtesë	[ʃtésə]
surgelé (produits ~s)	i ngrirë	[i ɲrírə]
triste (regard ~)	i mërzitur	[i mərzítur]
vide (bouteille, etc.)	zbrazët	[zbrázət]
vieux (bâtiment, etc.)	i vjetër	[i vjétər]

28. Les verbes les plus utilisés. Partie 1

accuser (vt)	akuzoj	[akuzój]
acheter (vt)	blej	[blɛj]
aider (vt)	ndihmoj	[ndihmój]
aimer (qn)	dashuroj	[daʃurój]
aller (à pied)	ec në këmbë	[ɛts nə kémbə]
allumer (vt)	ndez	[ndɛz]
annoncer (vt)	njoftoj	[ɲoftój]
annuler (vt)	anuloj	[anulój]
appartenir à ...	përkas ...	[pərkás ...]
attendre (vt)	pres	[prɛs]
attraper (vt)	kap	[kap]
autoriser (vt)	lejoj	[lɛjój]
avoir (vt)	kam	[kam]
avoir confiance	besoj	[bɛsój]
avoir peur	kam frikë	[kam fríkə]
battre (frapper)	rrah	[rah]
boire (vt)	pi	[pi]
cacher (vt)	fsheh	[fʃéh]
casser (briser)	ndahem	[ndáhɛm]
cesser (vt)	ndaloj	[ndalój]
changer (vt)	ndryshoj	[ndryʃój]
chanter (vi)	këndoj	[kəndój]
chasser (animaux)	dal për gjah	[dál pər ɟáh]
choisir (vt)	zgjedh	[zɟɛð]
commencer (vt)	filloj	[fiłój]

comparer (vt)	krahasoj	[krahasój]
comprendre (vt)	kuptoj	[kuptój]
compter (dénombrer)	numëroj	[numərój]

compter sur ...	mbështetem ...	[mbəʃtétɛm ...]
confirmer (vt)	konfirmoj	[konfirmój]
connaître (qn)	njoh	[ɲóh]
construire (vt)	ndërtoj	[ndərtój]
copier (vt)	kopjoj	[kopjój]
courir (vi)	vrapoj	[vrapój]

coûter (vt)	kushton	[kuʃtón]
créer (vt)	krijoj	[krijój]
creuser (vt)	gërmoj	[gərmój]
crier (vi)	bërtas	[bərtás]
croire (en Dieu)	besoj	[bɛsój]
danser (vi, vt)	vallëzoj	[vaɫəzój]

décider (vt)	vendos	[vɛndós]
déjeuner (vi)	ha drekë	[ha drékə]
demander (~ l'heure)	pyes	[pýɛs]
dépendre de ...	varem nga ...	[várɛm ŋa ...]
déranger (vt)	shqetësoj	[ʃcɛtəsój]
dîner (vi)	ha darkë	[ha dárkə]

dire (vt)	them	[θɛm]
discuter (vt)	diskutoj	[diskutój]
disparaître (vi)	zhduk	[ʒduk]
divorcer (vi)	divorcoj	[divortsój]
donner (vt)	jap	[jap]
douter (vt)	dyshoj	[dyʃój]

29. Les verbes les plus utilisés. Partie 2

écrire (vt)	shkruaj	[ʃkrúaj]
entendre (bruit, etc.)	dëgjoj	[dəɟój]
envoyer (vt)	dërgoj	[dərgój]
espérer (vi)	shpresoj	[ʃprɛsój]
essayer (de faire qch)	përpiqem	[pərpícɛm]

éteindre (vt)	fik	[fik]
être absent	mungoj	[muŋój]
être d'accord	bie dakord	[bíɛ dakórd]
être fatigué	lodhem	[lóðɛm]
être pressé	nxitoj	[ndzitój]

étudier (vt)	studioj	[studiój]
excuser (vt)	fal	[fal]
exiger (vt)	kërkoj	[kərkój]
exister (vi)	ekzistoj	[ɛkzistój]

expliquer (vt)	shpjegoj	[ʃpjɛgój]
faire (vt)	bëj	[bəj]
faire le ménage	rregulloj	[rɛguɫój]
faire tomber	lëshoj	[ləʃój]
féliciter (vt)	përgëzoj	[pərgəzój]
fermer (vt)	mbyll	[mbyɫ]

finir (vt)	përfundoj	[pərfundój]
garder (conserver)	mbaj	[mbáj]
haïr (vt)	urrej	[uréj]
insister (vi)	këmbëngul	[kəmbəŋúl]
insulter (vt)	fyej	[fýɛj]
interdire (vt)	ndaloj	[ndalój]

inviter (vt)	ftoj	[ftoj]
jouer (s'amuser)	luaj	[lúaj]
lire (vi, vt)	lexoj	[lɛdzój]
louer (prendre en location)	marr me qira	[mar mɛ cirá]
manger (vi, vt)	ha	[ha]

manquer (l'école)	humbas	[humbás]
mépriser (vt)	përbuz	[pərbúz]
montrer (vt)	tregoj	[trɛgój]
mourir (vi)	vdes	[vdɛs]
nager (vi)	notoj	[notój]

naître (vi)	lind	[lind]
nier (vt)	mohoj	[mohój]
obéir (vt)	bindem	[bíndɛm]
oublier (vt)	harroj	[harój]
ouvrir (vt)	hap	[hap]

30. Les verbes les plus utilisés. Partie 3

pardonner (vt)	fal	[fal]
parler (vi, vt)	flas	[flas]
parler avec ...	bisedoj ...	[bisɛdój ...]
participer à ...	marr pjesë	[mar pjésə]
payer (régler)	paguaj	[pagúaj]
penser (vi, vt)	mendoj	[mɛndój]

perdre (les clefs, etc.)	humb	[húmb]
plaire (être apprécié)	pëlqej	[pəlcéj]
plaisanter (vi)	bëj shaka	[bəj ʃaká]
pleurer (vi)	qaj	[caj]
plonger (vi)	zhytem	[ʒýtɛm]
pouvoir (v aux)	mund	[mund]

| pouvoir (v aux) | mund | [mund] |
| prendre (vt) | marr | [mar] |

prendre le petit déjeuner	ha mëngjes	[ha mənɟés]
préparer (le dîner)	gatuaj	[gatúaj]
prévoir (vt)	parashikoj	[paraʃikój]
prier (~ Dieu)	lutem	[lútɛm]
promettre (vt)	premtoj	[prɛmtój]
proposer (vt)	propozoj	[propozój]
prouver (vt)	dëshmoj	[dəʃmój]
raconter (une histoire)	tregoj	[trɛgój]
recevoir (vt)	pranoj	[pranój]
regarder (vt)	shikoj ...	[ʃikój ...]
remercier (vt)	falënderoj	[faləndɛrój]
répéter (dire encore)	përsëris	[pərsərís]
répondre (vi, vt)	përgjigjem	[pərɟíɟɛm]
réserver (une chambre)	rezervoj	[rɛzɛrvój]
rompre (relations)	përfundoj	[pərfundój]
s'asseoir (vp)	ulem	[úlɛm]
sauver (la vie à qn)	shpëtoj	[ʃpətój]
savoir (qch)	di	[di]
se battre (vp)	grindem	[gríndɛm]
se dépêcher	nxitoj	[ndzitój]
se plaindre (vp)	ankohem	[ankóhɛm]
se rencontrer (vp)	takoj	[takój]
se tromper (vp)	gaboj	[gabój]
sécher (vt)	thaj	[θaj]
s'excuser (vp)	kërkoj falje	[kərkój fáljɛ]
signer (vt)	nënshkruaj	[nənʃkrúaj]
sourire (vi)	buzëqesh	[buzəcéʃ]
supprimer (vt)	fshij	[fʃíj]
tirer (vi)	qëlloj	[cətój]
tomber (vi)	bie	[bíɛ]
tourner (~ à gauche)	kthej	[kθɛj]
traduire (vt)	përkthej	[pərkθéj]
travailler (vi)	punoj	[punój]
tromper (vt)	mashtroj	[maʃtrój]
trouver (vt)	gjej	[ɟéj]
tuer (vt)	vras	[vras]
vendre (vt)	shes	[ʃɛs]
venir (vi)	arrij	[aríj]
vérifier (vt)	kontrolloj	[kontrotój]
voir (vt)	shikoj	[ʃikój]
voler (avion, oiseau)	fluturoj	[fluturój]
voler (qch à qn)	vjedh	[vjɛð]
vouloir (vt)	dëshiroj	[dəʃirój]

www.ingramcontent.com/pod-product-compliance
Lightning Source LLC
Chambersburg PA
CBHW060029050426
42448CB00012B/2921